Hermann Cohen

Der Begriff der Religion im System der Philosophie

DER BEGRIFF DER RELIGION
IM SYSTEM DER PHILOSOPHIE

VON

HERMANN COHEN

VERLAG VON ALFRED TÖPELMANN
(VORMALS J. RICKER) GIESSEN 1915

Inhaltsverzeichnis.

DER MARBURGER SCHULE

IN DANK UND ZUVERSICHT

GEWIDMET

I. Das Problem des Begriffs der Religion im Verhältnis zur Religionsgeschichte und zur Metaphysik.

1. Den Begriff einer Wissenschaft zu bestimmen, ist überall eine schwierige Aufgabe. Und nicht leichter wahrlich ist die Begriffsbestimmung bei einem Faktum der geistigen Kultur, dessen Charakter als Wissenschaft zweifelhaft ist. Hier scheint die einzige Möglichkeit, zu einem Begriffe zu gelangen, bei der Induktion gelegen. Ihr schwebt der Begriff nur als ein allgemeines Ziel vor, dem Sammlung und Sichtung zugehöriger Tatsachen, soweit das Material sich ausdehnt, dennoch zustreben soll und kann. Über die Zweideutigkeit, die in dem Symptom der Zugehörigkeit liegt, setzt man sich hinweg. Sie bleibt in der Schwebe mit dem gesuchten Begriffe. Aber wie anders sollte man diesen Begriff erfassen können, erfassen wollen, denn als das Allgemeine, welches das zu suchende Material der Tatsachen unter dem Gesichtspunkte der Zugehörigkeit zu ordnen erdacht wird?

2. So ist in der neueren Zeit die Religionsgeschichte in Aufschwung gekommen, nicht nur kraft des Gewichtes ihres neuen Materials nebst den Einsichten, die dabei mit aufkamen, sondern auch in einem ernsthaften Gegensatze zu aller bisherigen Art, das Faktum der Religion zu erhellen und zu würdigen.

3. Die bisherige Art, die Religion zu beurteilen, war freilich keineswegs eine einheitliche; sie war sogar von einem inneren Widerspruch zentraler Kulturmotive beherrscht: sie war nämlich einerseits innerhalb der Religion selbst, wie als eine Entwickelung und Pflege derselben entstanden und fortgeführt, andererseits aber war sie auf dem Acker der Philosophie gesät und dort gepflügt worden.

Und damit erschöpft sich der Gegensatz noch nicht; denn es ist noch hinzuzunehmen, das, was im Gebiete der Philosophie entstanden war, auf daß der Religion verpflanzt wurde. Man muß daher vielleicht von vornherein ins Auge fassen, daß auch rein religiöses Arbeitsgut in die Philosophie eingeschlichen war, oder gar mit Bewußtsein und Nachdruck von ihr übernommen wurde. So durchschlingen sich hier die Probleme und daher wohl auch die Methoden in Religion und Philosophie.

Schwierige Kreuzungen und Verwirrungen waren dabei unvermeidlich; sie sind ja überall so schwer zu überwinden, wo immer die Grenzfrage zwischen irgendeiner Wissenschaft und der Philosophie erhoben wird. Überall scheint der eine Ausweg nur übrigzubleiben: daß man allein von der Philosophie aus den Begriff einer jeden Wissenschaft, als solcher, zu bilden vermöge. Es dürfte nicht anders stehen bei den Fragen um den Begriff der Mathematik, wie auch um den der Rechtswissenschaft.

So wird es denn begreiflich, daß die Religionsgeschichte wie eine neue Offenbarung erscheinen mochte. Denn die beiden Arten, sich mit der Religion in Verhältnis zu setzen, haben beide Schiffbruch erlitten: sowohl die Philosophie innerhalb der angeblich selbständigen Glaubenslehre, wie die in der Religionsphilosophie, in welcher die Religion selbst durch Philosophie gebunden war. Beide litten an dem allgemeinen Fehler der Deduktion: an der dogmatischen Voraussetzung eines Begriffs der Religion.

Und dabei hatte sich die Philosophie nicht weniger befangen gezeigt als die Religion. Diese konnte sich in den neueren Zeiten noch den Schein historischer Entwicklung beilegen, indem sie das Spätere als das Wahrere erkennen ließ, während die Religionsphilosophie, von der anerkannten Absolutheit ihrer Methode getragen, auch dem Begriffe der Religion an dieser Absolutheit Anteil verlieh.

Die Falschheit der Deduktion schien auch hier ihren Gipfel zu erreichen. Die Religion schien hier aller Bestimmtheit ihres Inhalts verlustig zu gehen. Nur auf die Bergung der Religion im Gesamtgehalt der philosophischen Wahrheiten schien es abgesehen zu sein, mochte darüber immerhin der Sondergehalt der Religion verdunkelt werden und verlorengehen. Wenn nur nach der allgemeinen Schablone das Verhältnis zwischen Subjekt und Objekt auch hier zur Aufstellung kommen kann, so ist mit dem durchherrschenden Grundbegriffe dem Problem der Religion Genüge geschehen.

So standen die Dinge in der Blüte der Religionsphilosophie, die aus Hegels System bei seinen Nachfolgern aufging.

4. Es war begreiflich, daß auf dem Boden der Theologie selbst ein scharfes Mißtrauen und Unbehagen an dieser Metaphysik der Religion entstehen konnte. Und der Grund dieser Abweisung war nicht dahin mißzuverstehen, als ob er auf der Abneigung gegen Philosophie überhaupt beruhte. Albrecht Ritschl hatte gegen die Metaphysik die kritische Philosophie angerufen. Damit war gegen die Unklarheiten, die mit dem Schicksal der Metaphysik verbunden sind, die Heerstraße der Ethik freigemacht für den selbständigen Weg, den nunmehr die Religion geführt werden sollte; den sie jetzt erst einschlagen konnte. Aber jetzt zeigte es sich, daß die Notlage der Religion mehr in der Philosophie als in der Theologie wurzelt.

Als Ritschl an die Ethik Kants sich anschloß, konnten nur diejenigen seine wahrhaften Anhänger werden, die die philosophische Reife hatten, die Ethik Kants in ihrer vollen Systematik zu begreifen und ihr Begriffsspiel zu beherrschen. Für diese Wenigen war ein genau begrenzter begrifflicher Ausgangspunkt gewonnen, von dem aus die Spekulation ihren methodischen Weg nehmen konnte, um die Eigenart und die Selbständigkeit der Religion sicherzustellen. Denn der Leitgedanke war sicherlich ein richtiger, der die Selbständigkeit oder zum mindesten die Eigenart der Religion zum Problem machte.

Über diese engere Frage war noch keine Entscheidung getroffen worden. Die Hauptfrage mußte erst gestellt und durchberaten werden: wie steht es um das Verhältnis zwischen Religion und Ethik? Nur auf Grund dieser Verhältnisbestimmung konnte die Forderung aufrechterhalten werden, den Begriff der Religion in ihrer Eigenart zu bestimmen.

5. Es braucht nur auf die leidige Tatsache hingewiesen zu werden, daß die Weisheit Kants keineswegs zum Gemeingut unserer wissenschaftlichen Kultur geworden ist; nicht einmal in der streng theoretischen, geschweige auf den schweifenden Gebieten einer logischen Methodik. Und doch muß man zum Ruhme der protestantischen Theologie es anerkennen, daß sie vor allen Geisteswissenschaften sich ausgezeichnet hat

durch das Eindringen in den letzten ethischen Sinn der Kantischen Lehre, während man gemeinhin den kategorischen Imperativ nicht um den Erweis seiner Wahrheit befragte, ohne den er aber eine stumpfe, wenn auch blinkende Waffe bleibt.

So konnte es denn kommen, daß die Religionsgeschichte in eine Aufnahme kam, die sich beinahe mehr gegen die Philosophie und ihre Ethik als gegen die Theologie richtete: die ohnehin dadurch nicht allein in ihrer Dogmatik angegriffen wurde, sondern nicht minder auch in ihren beiden Sektionen biblischer Exegese. Und wenn man hier einwenden wollte, daß diese beiden Exegesen auf einen Religionsbegriff beschränkt seien, der jenen beiden Urkunden entspricht, so kann auch dieser Einwand nicht der Religionsgeschichte zustatten kommen. Denn dieses Entsprechen ist keine einfache Sache, die sich nur dem Buchstaben nach aus jenen Urkunden herauslesen und deuten ließe. Dem widerspricht schon die Zweiheit dieser Urkunden, deren Einheit keineswegs gegeben ist, die vielmehr ebensosehr ein vorausgesetzter Leitbegriff ist, wie der ihr entsprechende Religionsbegriff, oder aber wie die beiden Religionsbegriffe selbst es sind, die jenen beiden Urkunden entsprechen.

So ist bei der biblischen Exegese der Religionsbegriff immer ein deduktives Problem, das als solches gedacht und formuliert werden muß, wenn die biblische Exegese es gleichsam induktiv bestätigen soll. Schon daß der Begriff Gottes oder gar des einzigen Gottes hier die Voraussetzung bildet, bindet den Religionsbegriff an sie.

6. Die Religionsgeschichte hingegen geht nicht bloß nicht von Gott aus und nicht von den Göttern, sondern sie erweitert den Begriff des Göttlichen durch eine Erweiterung des Seelischen über das gesamte Gebiet der Natur- und Menschenwelt hinaus. Man könnte die Religionsgeschichte geradezu auch Seelengeschichte nennen; denn das ganze Gebiet des Seelenglaubens und Aberglaubens wird hier zum Bereiche der Religion. Der Fetisch, das Tabu, der Totem, sie alle werden mit dem allgemeinen Dämonenglauben zusammengeführt; und ebenso auch das Tier- und das Menschenopfer zugleich mit dem Hymnus und dem Gebet.

Auch der Kultus nämlich läßt sich nicht als ein unterscheidendes Kriterium festhalten. Auch in ihm gehen die Völker in eine allgemeine Harmonie zusammen, die Inder und

die Chinesen, die Ägypter und die Babylonier, die Griechen
und die Israeliten, sie alle vereinigt auch im Kultus derselbe
Religionsbegriff, der für die Religionsgeschichte überall ein
ungelöstes Fragezeichen bleibt. Und es kann nicht anders sein:
wo alles Menschliche und alles Göttliche in dem Begriffe alles
Seelischen zusammengefaßt ist, da kann nichts Spezifisches übrigbleiben für den Begriff der Religion: die in Seelenkultus
über- und untergegangen ist.

7. Der genauere Nachweis dieses Urteils kann hier nicht
angestrebt werden, nämlich nicht in einer eingehenden Kritik
der religionsgeschichtlichen Forschung und ihrer Probleme; er
soll positiv hier durch die Begründung des Religionsbegriffs
erbracht werden. Zur Orientierung nur sei auf die Analogie
hingewiesen, welche in dem Verhältnis der Ethik zur
Soziologie besteht. Auch von dieser darf die Ethik nicht
abhängig, geschweige durch sie erledigt sein. Und auch die
Ethik kann nur durch ihre eigene Begründung die zentrale
Kritik der Soziologie, wie der Religion, durchführen. Auch der
Begriff der Gesellschaft bildet das zentrale Problem der
Ethik, wie der Begriff der Religion das der Soziologie.

8. Und auch darin besteht die Analogie: daß das Problem
des Religionsbegriffs ebensosehr das ganze weite Material
der Religionsgeschichte als seine Vorbedingung umfaßt, wie der
ethische Begriff der Gesellschaft das ganze weite Material der
Soziologie. Aber darin allein besteht hier, wie dort, der Unterschied: das Material ist die negative Vorbedingung;
der Begriff aber ist das Problem der positiven
Schöpfung, die nur der Deduktion, niemals der Induktion
gelingen kann. Die Tatsachen können niemals und nirgends den
Begriff hervorbringen, der selbst vielmehr ihr eigenes geistiges
Band — nein, schlechthin ihre geistige Erschaffung ist.

Wo immer das Problem des Begriffs entsteht, da ist nichts
anderes die Frage als der Sinn und der Wert eines Ursprünglichen, eines Ewigen, eines über alle Entwicklungsmöglichkeiten
Hinausragenden, das nur Prinzip sein kann und Prinzip sein
muß, ebensosehr für alle Erforschung der Erfahrung in ihren
Tatsachen, wie für alles Erdenken ihrer Probleme. Es ist
überall dieselbe Frage: ob die Forderung des a priori ein
leerer Wahn ist, oder ob ohne sie alle Forschung ein blindes
Suchen bleibt. Es ist überall nur die eine Frage: ob der Begriff nur als Idee gefunden werden kann, oder ob die Idee
ein Trugbild, ist und die Induktion allein den Begriff zu ent-

decken vermag. Bei jeder philosophischen Frage ist es das
Recht des Idealismus, das in Frage steht.

9. So wird der Begriff der Religion zu einem Problem der
Philosophie.

Wir fragen hiergegen nicht, ob die Religion selbst und die
Theologie, als Religionswissenschaft, mit dieser Verweisung ihres
Begriffs an die Philosophie einverstanden sein kann; wir setzen
vielmehr voraus, daß sie damit einverstanden sein muß: weil
ihre eigene Geschichte, dieser Überweisung zufolge, als ein
Grenzgebiet der Philosophie sich vollzogen hat. Und es war
gar nicht einmal immer Überweisung, die dabei stattfand, sondern in beiden Gebieten war gleichmäßig und urwüchsig dasselbe Problem lebendig. Im Mythos schon, der Urform alles
Geistes, war Göttliches, mit allem Menschlichen verbunden und
verwachsen, gleichsam Religion mit Philosophie. Und als die
Kultur sich lichtete und abteilte, vermochte sich weder die
Philosophie von allem Mythos, geschweige von allem Wesen-
haften der Religion abzuschließen, noch die Religion in ihren
Mysterien und nicht anders in ihrem offenbaren Kultus
von den Spekulationen der Philosophie. Und so ist es für alle
Folgezeit geblieben. Nicht nur die Philosophie hat den urwüch-
sigen Zusammenhang mit den religiösen Urgedanken festgehalten
und immer neu ausgestattet; auch die Religion, sofern sie eine
wissenschaftliche Gestaltung anstrebte, mußte in der Philosophie
ihren Wahrheitsgrund und damit ihren Lebens- und Seelen-
grund immerdar erkennen und aufsuchen. Was wäre, was
würde die Religion, wenn sie von anderen Quellen sich wollte
entspringen, sich wollte auch nur speisen lassen als von denen,
die den Born der Wahrheit bilden? Was wäre, was würde die
Religion, wenn sie nicht mehr Wahrheit sein sollte, sein
wollte? Und wie könnte sie anders ihren Anteil an der Wahrheit gewinnen und behaupten als durch den Anteil an der Philosophie? Soll es etwa wiederum eine zwiefache Wahrheit
geben, eine für das Göttliche und eine andere für das Menschliche? Ist die Wahrheit nicht, wie unser philosophischer Dichter
sagt, eine einzige, ungeteilte?

10. Die Menschheit hat allezeit den Weg beschritten, den
dieser Wegweiser nicht als Fragezeichen stehen ließ. Die
Religion hat sich in allen ihren Höhepunkten mit echter Philosophie durchdrungen, und die Philosophie selbst hat nicht nur,
wie im Platonischen Altertum, mit der Poesie der heimatlichen
Götterwelt gespielt; und es ist auch nicht richtig, daß sie ganze

Zeitalter hindurch sich nur in stumpfe Abhängigkeit von der theologischen Religion versetzt hätte; vielmehr ist eigenes Leben und Fortbilden der Philosophie in allen jenen Auseinandersetzungen mit der Religion zu erkennen; und es wäre förderlich auch für die Philosophie, wenn diese Erkenntnis mehr als bisher zum Problem der mittelalterlichen Forschung würde.

Und auch für die Neuzeit muß es klarer herausgestellt, genauer zum eigentlichen Problem gemacht werden, welchen schöpferischen Anteil der religiöse Gedanke an den Formulierungen hat, die das Aussehen ursprünglich logischer Forderungen haben. Innerlichen Anteil hat die Religion an der Philosophie der Neuzeit. Es sei nur an die Ethik erinnert.

11. Wie könnte es danach auffallen, daß der Philosophie ein innerer Anteil an der Religion zusteht? Man wird dies nicht so verstehen, daß demgemäß in der neueren Zeit die Religionsphilosophie als ein besonderer Zweig der Philosophie entstanden ist. Die vielen Zweige, die sich heute an dem alten Stamm ausbreiten, beweisen nichts für das echte Leben des Stammes, nichts für seine unvergängliche Wurzel; sie beweisen vielmehr ebenso die Abirrung der Geschichtsprobleme von der Ethik, als der Wurzel, aus der sie ihre Lebenssäfte ziehen, wie ehemals und jetzt wiederum die Naturphilosophie aus dem Mißverhältnis zur reinen Logik hervorgegangen ist.

12. Der Anteil der Philosophie an der Religion ist beinah so alt wie beide selbst. Nur haben sich im Altertum schon die Relationen verändert, welche die Religion zur Philosophie einnehmen wollte. Bei den alten Klassikern waltet noch der Schleier der Naivetät über den zarten Fragen, und solange das Heidentum als Volksreligion herrschte, brauchte dieser Schleier nicht gelüftet zu werden; er kam ebensosehr der Philosophie, wie der Religion, zugute. Erst als das Judentum in Berührung kam mit dem Griechentum, mußte diese Diskretion aufhören; denn jetzt war die Einheit gebrochen zwischen dem in den Mythen und dem in den Keimen der Philosophie waltenden Volksgeiste.

13. Philo ist gewiß über alle Maßen bestrebt, die Einheit zwischen Platon und Mose herzustellen, aber beide müssen ihm dennoch als verschiedene Autoritäten gelten, während Platon selbst noch ganz naiv mit den Mythen der Heimat seine Lehrgedanken durchzieht. Bei Philo schon werden Religion und Philosophie zu Grenzproblemen, und wenn auch er selbst noch die Religion von der Philosophie aufgesogen werden lassen möchte, so erhebt sich dagegen im jüdischen Monotheismus eine heterogene Potenz, die niemals ohne Rest in aller Idealisierung des Griechentums, des Platonismus selbst aufgehen kann. Mose wird zum Träger der Religion und Platon zu dem der Philosophie.

14. Jede Differenz, die unter den Richtungen des Kulturbewußtseins auftritt, trägt Konflikte in sich. So ist es auch hier gekommen. Es ist aber verkehrt, wenn man die Selbständigkeit der beiden Mächte durch ihren Konflikt miteinander bedroht glaubt. Es ist falsch, daß durch die innigere Berührung mit der Philosophie die Religion ihren Auflösungsprozeß anträte. Es ist ebenso falsch, daß die Philosophie ihre Methodik und damit ihren logischen Charakter aufgäbe oder auch nur beeinträchtigte, wenn sie mit der Religion überhaupt ein Verhältnis eingeht. Dieses Verhältnis ist ihr eingeboren; und es ist ihre dauernde Aufgabe, stets von neuem dieses Verhältnis zu vollziehen, es zu kontrollieren und zu berichtigen. Es ist ein verhängnisvolles Vorurteil, wenn man der Klarstellung dieses Verhältnisses sich entziehen zu dürfen glaubt. Dadurch würde die Philosophie nur mit Mystik belastet, und in die Religion würde Intuition einschleichen.

15. Die Philosophie muß als ein gleichartiger Faktor der Religion immer genauer und bestimmter zur Klarheit gebracht werden, wenn anders wahrhafte Kulturreife in der Philosophie herrschen soll. Es darf hier nicht anders vonstatten gehen, als es mit allen Grundmächten der Kultur ergangen ist. Von ihrer Faktizität gehen wir aus und fragen daraufhin nach ihrem Rechte. Dieser transzendentalen Inquisition haben sich Mathematik und Physik unterwerfen müssen und nicht minder auch Recht und Staat; und endlich das Kulturfaktum der Kunst: wie sollte die Religion als ein solches Faktum zu umgehen sein, das sich der Frage nach dem Rechtsgrunde ihres Bestehens und ihres Bestandes entziehen könnte?

16. Die Logik ist immanent in aller Wissenschaft; in vorbildlicher Methodik aber enthüllt sie sich in der mathematischen Naturwissenschaft. In allen Geisteswissenschaften ist die Logik immanent; aber als eine neue Logik steigt für sie aus dem Bewußtsein des reinen Denkens herauf die Ethik, in der das reine Denken sich zum reinen Wollen entwickelt.

Auch eine neue Art von Mathematik haben wir versucht,

der Ethik zugrunde zu legen, indem wir in der Rechtswissenschaft ein Gerüst von Begriffen auszeichnen können, die in ihrer logischen Struktur einer ethischen Funktionierung fähig werden. Und in Analogie zur Natur ließe sich eine Einheit der Rechtsbegriffe in dem großen Problembegriffe des Staates aufstellen.

17. So ist nun auch das Kulturfaktum der Religion dieser transzendentalen Frage zu unterstellen. Diese Fortführung der Frage wäre nicht möglich, wenn der Anteil der Philosophie an der Religion nicht vorauszusetzen wäre. Die Immanenz der Philosophie in allen Hauptrichtungen der Kultur ist jedoch die allgemeine Voraussetzung des philosophierenden Bewußtseins und glücklicherweise auch die jeder reiferen Bildung. Und so wenig diese Immanenz ein täuschender Schein ist, so wenig ist die philosophische Lebenskraft der Religion etwa gar ihr Todeskeim oder auch nur der Keim einer Mißbildung. Schon das griechische Heidentum hat Religionsphilosophie aus sich heraus entwickelt, und diese Isolierung der philosophischen Motive, ihre Herausarbeitung aus der Fülle des religiösen Urmaterials, ihre Musterung und Würdigung nach beiden Seiten hin ist im Monotheismus überall lebendig geblieben; und es sind überall die besten Zeiten religiöser Kraft und Fruchtbarkeit, sowohl im Judentum, wie im Christentum, in denen diese natürliche Scholastik in Blüte stand.

18. Dennoch aber kann es darin nicht sein Bewenden haben, daß die Immanenz der Philosophie in der Religion festgestellt, und die Auszeichnung der philosophischen Motive in der Religion zum Gegenstande der Religionsphilosophie gemacht würde. Damit würde das transzendentale Geschäft nur oberflächlich ins Werk gesetzt; die Rechnung würde dann ohne den Wirt gemacht. Der Wirt aber ist überall das einheitliche System der Philosophie.

19. Es muß daher die neue Frage werden: Welche Stellung kommt der Religion zu im System der Philosophie? Oder kommt ihr überhaupt keine selbständige Stellung im System zu? — Steht es vielleicht so mit der Religion, daß sie einen natürlichen und nicht minder einen methodischen Anhang zur Ethik bildet?

Diese Frage ist von grundlegender Wichtigkeit: sie kann gar nicht schlechterdings verneint, sondern nur in bestimmter Bedingtheit bejaht werden. Die Religion darf dem lebendigen Zusammenhange mit der Ethik nicht entrissen werden, selbst wenn sie deswegen keiner Selbständigkeit fähig würde.

Die Selbständigkeit kann erst eine spätere Frage werden, wenn die Angliederung der Religion an die Ethik gesichert und unverbrüchlich festgelegt ist. Dann erst kann die Frage erwogen werden: ob aus diesem Zusammenhange heraus eine Eigenart, und auf diese hin eine Art von Selbständigkeit für die Religion zu ermitteln sein werde.

20. Das Kulturfaktum der Religion an sich bildet keine hinlängliche Instanz für die transzendentale Anfrage, weil die Ethik die erste Auskunft, die erste und die unumgängliche, zu erteilen hat. Und die Einheit des Systems weist auch keine Lücke auf, welche die Religion ausfüllen könnte, weder für die Glieder des Systems, die durch die Ethik befriedigt sind, noch für die den Kulturinhalt erzeugenden Richtungen des Bewußtseins, welche durch Erkenntnis, Wille und Gefühl, alle drei in Reinheit begriffen, erschöpft zu sein scheinen.

Dennoch soll die transzendentale Frage hier einsetzen, weil es gilt, den philosophischen Anteil der Religion zu entdecken und auf seine systematische Reinheit zu bestimmen. Dieser systematisch-philosophische Anteil bildet das Problem, das der transzendentalen Frage den Einlaß verleiht. Worin besteht er? Er muß entdeckt werden. Wäre er selbst in Anerkanntheit gegeben, so bliebe seine reine Erzeugung, seine systematische Entdeckung, seine Auszeichnung unter den Grundbegriffen und Grundrichtungen des das System der Philosophie bildenden Bewußtseins eine berechtigte, eine notwendige Frage.

21. Damit aber tritt das Interesse an der Selbständigkeit der Religion zurück gegen das an ihrer Eigenart. Wenn es gelingt, ihre Eigenart reinzustellen im System der Philosophie und sie in dieses einzugliedern, so würde die so begründete Eigenart reichlich ersetzen, was an sogenannter Selbständigkeit verlorenginge. Es würde die Frage entstehen: ob es überhaupt eine Selbständigkeit für eine Richtung des Kulturbewußtseins geben kann, die nicht in der Eingliederung in das System der Philosophie bestände. Und wenn diese, welche die Eigenart zur Voraussetzung hat, gesichert ist, so kann die Selbständigkeit überhaupt kein anderes Problem in einer zulässigen Bedeutung bilden. Auf die Eigenart allein kommt es an. Und diese muß für die Religion, wie für alle von der Ethik abstammenden Geisteswissenschaften, durch diese ihre Abstammung von der Ethik bedingt sein. Die Ethik ist für sie alle ihre zweite Logik. Dies muß für die Religion gelten, wie für Staat und Recht und für alle Philosophie der Geschichte.

22. Indem wir die transzendentale Methodik hier zu einer neuen Anwendung bringen wollen, dürfte es für das genaue Verständnis derselben ersprießlich sein, ihre Differenz von der sogenannten Metaphysik und den inneren Grund für die Ablehnung derselben eingehend zu erwägen; auch für den rechten Zugang zu dem Begriffe der Religion dürfte dies zweckmäßig sein. Es handelt sich bei dieser Ablehnung der Metaphysik immer um die Behauptung der systematischen Zentralität der Ethik.

23. Die Ethik rückt seit Sokrates in den Mittelpunkt der Philosophie. Dieses Verhältnis bleibt bei Platon ungeschwächt bestehen; der Vorrang der Logik hat eine methodische Bedeutung, durch welche die Position der Ethik nur bestärkt wird. Und bei der Komposition der Platonischen Dialoge tut es der Ethik auch keinen Eintrag, daß sie immer durchflossen und unterströmt wird von den rein logischen Problemen; denn ihre Eigenart und ihre Prärogative werden überall dabei außer Zweifel gestellt.

Anders aber stellt sich Aristoteles zu dieser Lebensfrage der Philosophie. Hier ist er mit vollem Selbstbewußtsein ganz und nur Empirist, der er sonst nur zur Hälfte sein will. Sein Argwohn gegen den eigentlichen Sinn der Idee trifft ins Schwarze: in der Idee bekämpft er die Idee des Guten. Daß es sonstwie Ideen mit Recht geben mag, würde er gar nicht bestreiten können, aber daß es eine Idee des Guten gebe, das will er bestreiten; denn die Ethik soll nur eine Erfahrungslehre sein, deren Quintessenz sogar in die Praxis gelegt wird: „auf daß wir Gute werden". Nicht aber dürfe die Ethik eine Ideallehre sein wollen von dem, was das Gute sei. In der Idee will Aristoteles hauptsächlich die Idee des Guten niederschlagen.

24. Und danach kommt nun seine Metaphysik, wie die Nachfolger sie in der Unterscheidung von Logik und von Ethik benannt haben. Denn es bleibt ja bei dem Dualismus des Aristoteles auch für die Ethik nicht einseitig und eindeutig beim Empirismus. Das letzte Wort, das letzte Kapitel dagegen geht über diese praktische Ethik hinaus; es wird gar nicht mehr an den Menschen angeschlossen.

Ebenso verhält es sich ja auch in dem Aristotelischen

Buche der Metaphysik mit den Problemen des Seins: sie bleiben nicht auf das Sein der Natur beschränkt. Und wie die Metaphysik mit dem Buche über Gott abschließt, so die Nikomachische Ethik mit dem Buche über die Eudämonie des Denkens, die nur dem göttlichen Geiste zu eigen ist; die für den menschlichen Geist in günstigster Deutung eine mystische Zweideutigkeit bleibt. Nur der Gegensatz zur systematischen Ethik ist auch hier festgehalten.

25. Dieser Gegensatz zu einer reinen, apriorischen, idealen, schöpferischen Ethik dürfte einer der Hauptgründe sein für die Subordination der Scholastik unter die Autorität des Aristoteles. Denn weder Gott, noch das Gute, sollten die Eigenprobleme der Ethik bilden. Schon die Unterscheidung des Guten von Gott wird hier anstößig. Gott ist selbst das Gute, nicht nur das höchste, sondern das einzige Gute. Es soll kein Unterschied gemacht werden zwischen dem Gute und dem Guten, zwischen dem Guten in Gott und dem Guten für den Menschen.

Daher soll die Metaphysik, als eine zweite Theologie, den eigentlichen Schwerpunkt der Philosophie bilden: damit dieser nur durchaus nicht in die Ethik verlegt werde. Und weil der Ethik diese Präponderanz bestritten werden soll, wird auch zwischen Logik und Metaphysik die Differenz behauptet, die jedoch nur durch Gott und höchstens noch durch die Seele begründet werden kann, wenn einmal diese beiden Begriffe der Ethik fremd bleiben sollen. Ohne diese Tendenz gegen die Ethik hätte die Differenz zwischen Logik und Metaphysik keinen verständlichen Sinn. Nur eine Art von Theologie, welche der Selbständigkeit der Ethik mißtraut, leitet überall den Feldzug für die Metaphysik, und der Logik gegenüber das Feldgeschrei gegen den Rationalismus und für die Intuition. Die Feindschaft gegen die Ethik ist und bleibt auch der Grund der Metaphysik, wie sie nach Kant wieder geltend gemacht wird.

26. Im Mittelalter freilich mußte die Metaphysik auch abgesehen von der Ethik, ihrer selbst wegen und ihres Verhältnisses zur Theologie wegen, selbständig bleiben. Das Prinzip des Christentums selbst forderte dies. Denn in ihm bilden Gott und Mensch nicht zwei Begriffe, die beide etwa in die Ethik, mithin in den Schwerpunkt des Menschen verlegt werden könnten, noch die beide, wie immer getrennt oder ver-

einbart, der Metaphysik überantwortet blieben, sondern diese
beiden Begriffe bilden eine Einheit im Gottesbegriffe des
Christentums. Daher kann die Metaphysik nicht nur ohne Be-
einträchtigung der Theologie aufrechterhalten werden, sondern
sie wird sogar ein wichtiges und allgemeines Rüstzeug derselben. Die Probleme des Seins werden dem dualistischen
Gottesbegriffe angeschmiegt, dem sie daher auch außerhalb
des Dogmas zu einer logischen Begründung dienstbar gemacht
werden. Es ist auch hier Logik, was als Metaphysik gebraucht und benannt wird, daher auch findet der Begriff des
Nichtseins hier eine vielseitige Verwendung.

27. Charakteristisch unterscheidet sich hierin die jüdische
von der christlichen Philosophie. Während die christliche
die Metaphysik selbständig bestehen läßt, zieht die jüdische
sie gänzlich in ihren Bereich herein. Schon bei Philo bahnt
sich dieser Weg an. Es wird keine Scheidung bei ihm angestrebt zwischen seinem Platonismus und seiner Theologie; und
vielleicht erleichtert ihm auch der Platonismus sein Streben der
Verschmelzung beider Kulturkräfte, während Aristoteles trotz
seiner Teleologie, wegen seines Dualismus, zur Ethik immer
eine formalistische Starrheit bewahrt: dem lebendigen Gedanken
von Gott sich entgegenstellt. Und ohnehin ist durch den
Logos, zwar auch die Vermittlung zwischen Gott und Mensch
angebahnt, ebenso aber diese auch vom Wesen Gottes selbst
abgetrennt und nur auf die Wirksamkeit Gottes, auf das
Verhältnis zur Natur- und Menschenwelt eingeschränkt. Und
wie der Logos, bleibt auch die Philosophie überhaupt mit der
Religion nicht zwar mehr verschmolzen, aber verbunden, keines
vom andern getrennt.

28. Und so bleibt es das ganze jüdische Mittelalter
hindurch, wie es wohl auch im Islam, der für das Judentum
in seiner Philosophie die geistige Führung hat, vorbildlich ist.
Die Philosophie soll nicht neben der Theologie, die Theologie
nicht neben der Philosophie selbständigen Bestand haben;
der Religion wird die Lebenskraft abgegraben, wenn sie der
Philosophie entblößt wird. Diesen Idealismus bringt schon
der erste Jude in dieser Kulturgruppe, der Gaon Saadja,
in dem Titel seines philosophischen Hauptwerkes zu einem
prägnanten Ausdruck. Emunoth weDeoth dürfte als ein
ἓν διὰ δυοῖν aufzufassen und zu übersetzen sein: die Er-
kenntnisse der Glaubenslehre. So werden im Titel schon
beide Geistesrichtungen zueinander in Verhältnis gesetzt; und

es bleibt nur die Zweideutigkeit bestehen, nach welcher Seite das Übergewicht fällt: ob der Rationalismus die Offenbarung einschränken, oder aber schlechterdings decken soll. Immerhin bleibt das Verhältnis ein immanentes; und es bedarf keiner aparten Metaphysik. Durch Maimonides wird diese Immanenz im Judentum befestigt, und der Rationalismus sucht sich selbst, aller scheinbaren Starrheit des Rabbinismus entgegen, überragend zu behaupten.

29. Vielleicht war es gerade diese Immanenz der Philosophie in der Theologie, welche der christlichen Scholastik die Benutzung der jüdischen Quellen erleichtert hat: sie hat nicht sowohl Judentum als vielmehr Philosophie aus dieser Theologie entlehnt. Und es hatten sich ja die beiden Hauptquellen der antiken Philosophie in diesem Lager ausgebreitet: der Aristotelismus auf der Platonischen Grundlage, und andererseits der Neuplatonismus mit seiner Tendenz zum Pantheismus. Diese beiden Richtungen durchziehen die gesamte jüdische Philosophie von ihren Anfängen bis zu ihrem Abschluß in Spinoza.

Und von Spinoza geht wieder eine neue Beeinflussung der deutschen Philosophie überhaupt aus, und insbesondere daher auf die Philosophie der Religion, die in den neueren Zeiten unvermeidlicherweise sich aus dem Gesamtgebiete der Philosophie abzweigen muß.

30. So stehen wir denn wieder da, wohin unsere Erwägung über den Begriff der Philosophie uns bereits geführt hatte. Die Immanenz konnte nicht aufrechterhalten bleiben; die bloße, unbestimmte, nicht systematisch dirigierte Abzweigung aber bleibt haltlos und unmotiviert, wenn nicht der Mittelpunkt bestimmt ist, von dem sie ausstrahlt. Dieser Mittelpunkt ist uns im System der Philosophie bestimmt.

Wir sind daher auch der Frage enthoben, mit welcher Eigenart des Bewußtseins wir der Religion uns versichern und bemächtigen können; denn nur aus dem System heraus kann eine solche Bemächtigung erfolgen, eine solche Eigenart des Bewußtseins sich begründen. Und diese Einschränkung muß ergänzt werden durch die positive Bestimmung: daß die gesuchte religiöse Eigenart eine neue Erfüllung für den Systembegriff der Philosophie zu erbringen hat.

Nicht in einer Psychologie des Bewußtseins kann die Eigenart der Religion begründet werden, sondern nur innerhalb der Systematik der Philosophie.

81. Hier erheben sich nun aber gewichtige Bedenken. Das System der Philosophie scheint in den drei Gliedern, welche Kant aufgestellt hat, geschlossen, und der vierte Teil, den unser eigener Systemversuch in Aussicht genommen hat, kann diese Bedenken nur verstärken. Alle Richtungen des einen eigenen reinen Inhalt erzeugenden Bewußtseins scheinen erschöpft zu sein. Was könnte es noch Anderes geben außer der reinen Erkenntnis, dem reinen Willen, dem reinen Gefühle und der sie alle zusammenfassenden Einheit des Bewußtseins?

Daher bildet die Wahl des Gefühls für die Religion ein lehrreiches Symptom, welches zeigt, das zum mindesten die Ästhetik in Gefahr kommt, beseitigt oder verkürzt zu werden, wenn die Religion eine selbständige Stellung im Gefühl antritt: und welche andere seelische Potenz könnte sonst angesprochen werden? Es scheint daher durchaus aussichtslos, eine Bewußtseinspotenz zu erdenken, welche die Eigenart der Religion gewährleisten könnte.

82. Indessen schwebt hier eine Unklarheit vor. Ist es denn richtig, daß man eine Art des Bewußtseins für die Religion zu erdenken haben soll? Und ist es richtig, daß man eine methodische Grundfrage von dem Gelingen dieser Aufgabe abhängig macht? Ist es denn überhaupt richtig, daß man eine eigne Art des Bewußtseins auszeichnen müsse, um die Eigenart der Religion zu ermöglichen? Verwechselt man hier nicht die Eigenart mit der Selbständigkeit? Vielleicht aber ist die Eigenart nur mit dem Beding festzustellen, daß die Selbständigkeit keine unbedingte sei, sondern vielmehr von den drei oder vier systematischen Richtungen des Bewußtseins getragen werde. Wenn es sich so verhalten sollte, so wäre es ein verkehrtes Beginnen, für die so bestimmte Eigenart eine eigene und selbständige Richtung des Bewußtseins zu erfinden.

Jetzt haben wir den Angelpunkt gewonnen, aus dem der systematische Begriff der Religion ermittelt und gehoben werden kann. Und ehe wir die Betrachtung über die Eigenart des gesuchten Bewußtseins wieder aufnehmen, haben wir die Vorbedingungen durchzudenken, die in den systematischen Richtungen des Bewußtseins für die religiöse Eigenart vorliegen und dem Begriffe des Systems gemäß verwendet und aufgesogen werden müssen.

II. Das Verhältnis der Religion zur Logik.

1. Wie in alter Zeit, wird auch heute noch darüber gestritten, ob der Religion, weil Wahrheitsgehalt, darum auch der Anspruch auf Erkenntnis zusteht. Von unserer Methodik aus kann darüber kein Zweifel aufkommen. Wenn von der Religion Philosophie möglich werden soll, so kann dieses Problem nur in dem genauen Sinne statthaft sein, daß die Religion dem System der Philosophie eingegliedert werde. Es gibt nur eine Art von Philosophie: die systematische. Damit aber ist die Frage nach der Religion, als Erkenntnis, in voller Klarheit aufgelöst. Die Religion könnte nicht der Philosophie zugehörig werden, wenn nicht auf Grund ihres Eintrittes in die Philosophie durch die Pforte der Logik.

Wäre die Logik etwa nur für die mathematische Naturwissenschaft vorhanden, oder wäre sie bei den Geisteswissenschaften nur die negative Vorbedingung, die positiv durch die Ethik zu ersetzen wäre, oder hätte diese selbst mit der Logik gar keinen positiven Zusammenhang?

Und andererseits, faßt die Ethik allein und ausschließlich alle Probleme der sittlichen Erkenntnis, alle Aufgaben der Wahrheit in sich? Dann wäre die Religion aus dem Gebiete der Philosophie ausgeschlossen, dem sie ja nur auf Grund ihres Zusammenhangs mit den aus der Ethik abzweigenden Geisteswissenschaften angehören kann. Ihr Zusammenhang mit der Ethik mithin bedingt zugleich ihren Zusammenhang mit der Logik.

2. Aber auch der Zusammenhang mit der Ethik ist ja gar nicht über allen Zweifel sichergestellt. An dem Problem der Metaphysik hat sich uns dies schon aufgedeckt. Die Frage der Selbständigkeit will hier über die der Eigenart entscheiden. Da aber die Selbständigkeit der Religion der Ethik gegenüber keinen zulässigen Sinn mehr haben kann, so kann die Eigenart nur in den Fragen Problem werden, welche den Begriff des Sittlichen scheinbar über die Ethik hinaus zur Bestimmung bringen, sei es daß sie den Umfang des Begriffs erweitern, sei es seinen Inhalt verengen. Immer bildet das Sittliche der Ethik die Grundlage und die Voraussetzung des Lehrstoffs und des eingeteilten Stoffgebietes. Wenn jedoch diese Voraussetzung der Ethik uneingeschränkt für die Religion zu gelten hat, so bleibt in aller Kraft die Frage bestehen: durch die Hinzufügung welcher Begriffe und welcher Bestimmungen ihres Anwendungsgebietes nicht zwar über das Sittliche hinaus, sondern am Sittlichen selbst die Religion die Eigenart eines einen eigenen Inhalt rein erzeugenden Bewußtseins zu gewinnen vermag.

3. Daß zwischen Kunst und Religion Beziehungen obwalten, und demgemäß zwischen Ästhetik und Religion ein Verhältnis zu bestimmen sein werde, das setzt die einfachste Überlegung außer Zweifel. Denn alle Gebiete der Kunst berühren diese Grenze. Früher als Herrensitze errichtet die Baukunst Göttertempel. Und dieselbe Priorität vollzieht sich in der Plastik. Nicht allein Homer hat den Griechen ihre Götter gegeben, sondern auch Phidias ist an ihrer Entwicklung beteiligt, wennschon das Epos sie erschaffen haben mag. Aber auch das Drama, ja sogar auch die Lyrik ist eine Mitschöpferin der Religion; dafür genügt der Gedanke an die Psalmen.

4. Und was sich historisch so leicht überschauen läßt, das wird durch die schlichteste Erwägung bestätigt. Wenn anders im Unterschiede von Erkenntnis und Willen das Gefühl die Richtung bezeichnet, kraft deren das Bewußtsein alle Kunstgebilde hervorruft, so kann man den Inhalt dieses Gefühls noch so unbestimmt denken, ja dieses Gefühl selbst, als eine Kraft des Bewußtseins, noch so allgemein fassen: man wird dennoch in dem Gefühl und seinem unmittelbaren Inhalt die Beziehung zur Religion als eine natürliche, unausweichliche, unersetzliche ansehen, wie unbestimmt immer man den Begriff der Religion auch denken mag. Auch der Anspruch der Metaphysik auf die Religion gründet sich nicht zuletzt auf diese universelle Beziehung der Religion zur Kunst, durch die sie erst ihre Universalität, die in alle Gebiete des Bewußtseins eingreift, gewinnt und begründet.

5. Dieser Zusammenhang ist ein so intimer, daß daraus eine besondere Schwierigkeit entstanden ist, nämlich eine Kollision der Mittel, die für die systematische Begründung der Religion verfügbar sind. Wie die Kunst auf das Gefühl begründet wird, so beruft sich auch die Religion auf das Gefühl. Dasselbe Gefühl kann jedoch nicht zwei Probleme der Systematik vertreten. Wenn aber dennoch die Religion das Gefühl in Anspruch nimmt, so erweist sich in diesem Anspruch auf geradem Wege der innere Zusammenhang, der zwischen Religion und Kunst besteht. Aber es entsteht daraus für die systematische Begründung der Religion eine schwere Gefahr. Bevor wir indessen mit dieser Frage uns befassen, verfolgen wir zunächst weiter die Aufgabe der systematischen Begründung.

6. Die Schwierigkeit, die zwischen Religion und Kunstgefühl sich gezeigt hat, leitet uns zu einer allgemeineren Erwägung der Schwierigkeiten hinüber, die für die systematische Begründung der Religion überwunden werden müssen. Es bestehen nämlich nicht nur mit allen Richtungen des reinen Bewußtseins Berührungen der Religion, sondern diese Berührungen sind genauer so zu verstehen, daß sie einen Teil des Inhalts zur Deckung bringen. Daher scheint kein eigenes Problem für die Religion übrigzubleiben. Sie ist ja in allen Richtungen schon enthalten, sofern sie sich mit ihnen berührt. Man nimmt keine Latenz an, und es scheint daher, daß sie in allen schon sich entfaltet habe, und daß sie somit als eigene Richtung erledigt sei.

Diese Inhaltsgleichheit zeigt sich schon an dem allgemeinen Problem der Wahrheit, diesem gemeinsamen Zielpunkt aller systematischen Richtungen. Wir sagten schon, daß sich ohne dieses Ziel kein Zusammenhang zwischen Religion und Philosophie herstellen lasse. Das Apriori der Religion muß das Fundament auch dieser philosophischen Methodik bilden. Und durch dieses Apriori ist die Religion mit der Erkenntnis verbunden. Alle Bedenken dagegen müssen auf Mißverständnissen beruhen. Die Religion würde allen echten Kulturwert einbüßen, wenn sie der Gemeinschaft mit der Erkenntnis entrissen würde. Wenn aber ihr Zusammenhang mit der Erkenntnis unlösbar ist, so ist damit ihr Zusammenhang mit der Logik in aller Strenge befestigt.

7. Welche Bedenken könnten denn dagegen sich erheben, daß die gemeinsame Grundlage des wissenschaftlichen Denkens auch für die Religion als Vorbedingung gelten müsse? Es ist doch wohl gar nicht anders zu verstehen, als daß die Einwände gegen diese Grundforderung von Zielpunkten herkommen, welche der gesamten Richtung der wissenschaftlichen Philosophie zuwiderlaufen. Wenn die Intuition dem Denken der Erkenntnis entgegengestellt wird, so hat darauf schon Mephisto geantwortet: verachte nur Vernunft und Wissenschaft. Die Vernunft ist die Vernunft der Wissenschaft. Und wenn anders die Religion auf Vernunft beruhen soll, so kann es für sie keine andere Unterlage geben als die Wissenschaft, und kein anderes Instrument und Organ als die Erkenntnis. Die Prediger der Intuition braucht man nicht erst an ihren Früchten zu erkennen; sie enthüllen sich genugsam in ihrer Aussaat, bei der sie die Pflugschar der Erkenntnis nicht sowohl verschmähen, als vielmehr mißbrauchen. Die Verächter der Wissenschaft sind die schlimmsten Feinde der Religion.

8. Gehen wir nunmehr zur Betrachtung des Inhalts über, den die Religion zur Erzeugung haben kann, und der ihr dennoch mit den drei Gliedern des Systems gemeinsam sein soll, so muß dieser Inhalt samt und sonders an den Begriffen Gott und Mensch zur Gestaltung kommen. Vielleicht zwar ist es nicht durchaus notwendig, daß der Inhalt der Religion schlechthin identisch werde mit den Begriffen von Gott und Mensch. Vielleicht ist es daher schon nicht richtig, mit der Ausschließung Gottes die Religion aufzuheben. Und vielleicht könnte man diese Konsequenz noch dahin steigern, daß es sogar nicht durchaus notwendig sei, mit der Ausschließung des Menschen die Religion aufzuheben. Aber man müßte dann eben für Gott, sowie für den Menschen, Begriffe einsetzen können, welche den homogenen Inhalt der Religion bilden würden. Und dann würde die Frage entstehen, in welchem Sinne und Grade der Gleichartigkeit diese eingesetzten Grundbegriffe zu denen von Gott und Mensch schließlich in Relation ständen.

9. Als solche Grundbegriffe der Religion von weiterem Umfang könnten gedacht werden für Gott das Universum, und für den Menschen die Seele. Wenn man aber mit diesen Begriffen die Religion entwickeln wollte, so würden wir sehen, daß auch von hier aus zu Gott und Mensch der Weg hinausführt. Und wir wollen zunächst sehen, daß bei dem Anfang mit dem Universum und der Seele von vornherein und prinzipiell der Weg der Erkenntnis beschritten wird.

10. Um uns für diesen Leitgedanken auf die richtige Fährte zu bringen, bleiben wir nicht bei den Verallgemeinerungen stehen,

die Universum und Seele bilden, sondern halten uns an den noch allgemeineren Begriff, der der Grundbegriff aller Philosophie für alle ihre Grundrichtungen ist, und der daher auch am besten beweisen kann, daß die Religion zur Philosophie gehört, wenn sie auch zu diesem Grundbegriffe gehörig ist, wenn sie zum mindesten an dem Problem jenes Grundbegriffes einen natürlichen und unbestreitbaren Anteil hat.

Ein solcher Grundbegriff ist der des Seins.

Für die Religion gehört es sicherlich zu den einleuchtendsten Wegweisern ihres Rationalismus, daß die mosaische Urkunde, und zwar in der ersten Offenbarung an Mose, Gott als den Seienden offenbart. „Ich werde sein, der ich sein werde". Und wenn es selbst grammatisch richtiger heißen sollte: „Ich bin, der ich bin", so bleibt doch die Verbindung mit dem Sein bestehen, die in der Tempusform der Zukunft nur noch kräftiger wird in der Abstraktion, in der Abkehr von allem Wirklichen der Gegenwart. Aber wenn selbst diese Abstraktion nicht im ausdrücklichen Gedanken vollzogen wäre, so bleibt durch die Verbindung mit dem Sein überhaupt auch die mit der Zukunft gewahrt, und es ist keinesfalls dabei die Bindung an die sinnliche Gegenwart bewiesen; vielmehr ist die Berufung auf das Sein in dieser Form der Offenbarung, der ersten Selbstdarstellung Gottes, ein hinlängliches Merkmal für die Grundtendenz dieser Gotteslehre: daß dieser Gott als das Sein sich geltend macht.

Es ist wie wenn er der Philosophie zurufen wollte: das Sein ist nicht ausschließlich das Problem der Philosophie, sondern nicht minder auch das der Religion. Denn ob die Philosophie das Sein zu erkennen vermag, das sei außer Frage gestellt, hier aber wird die Forderung erhoben: Gott ist das Sein. Und was diese These zu bedeuten habe, das wird zum Inhalte der Religion gemacht. Dabei muß es ganz außer Frage bleiben, welche Beziehung, welche Gefahr der Beziehung sich aus dieser These für die Religion und für ihr Verhältnis zur Wissenschaft ergeben könne. Diese Fragen können selbst erst durch die Verbindung der Philosophie mit der Religion so gestellt, wie gelöst werden.

11. Es ist aber nicht allein für die Religion von grundlegender Bedeutung, daß sie in Gott das Sein sich zum Problem setzt, sondern, allen Bedenken der Kulturkonflikte entgegen, ist es von grundlegendem Werte für den Kulturgeist der Religion, daß sie sich mit diesem Problem in fundamentale Gemeinschaft ver-

setzt mit der Logik, deren Grundproblem das Sein der Wissenschaft ist. Es ist verfehlt, hier einzuwenden, daß der Begriff des Seins in einem Doppelsinne von der Religion aufgenommen werde, und daß dadurch in den Begriff des erkennenden Geistes ein Doppelsinn, eine Zweideutigkeit eingepflanzt würde. Dieses Bedenken entspringt einem methodischen Irrtum; denn es wird sich fragen, ob dieser Doppelsinn nicht vielmehr ein notwendiger, nicht bloß ein unvermeidlicher ist, sondern daß er den Gedanken einer zweiten Art des Seins in sich enthält. Und gerade dieser Punkt wird zu einer wichtigen Erörterung führen.

12. Es ist ja freilich bei dem Rekurs auf literarische Nachweise in einer solchen Grundfrage von nebensächlicher Bedeutung, wie die biblische Urkunde zu dieser philosophischen Grundfrage sich stellt; denn sie selbst haben wir als ein primitives Literaturprodukt mit aller der einem solchen eigenen Naivetät wissenschaftlich aufzufassen. Es kommt aber auf die Entwicklung an, welche in der Geschichte der Religionen ein solcher naiver Satz genommen hat. Und wenn nun gar der fragliche Gedanke an sich die Naivetät des Mythos übersteigt, so kann es nicht hoch genug geschätzt werden, daß der primitive Gedanke in einer strengen Abstraktion des Ausdrucks zur Grundformel für den Gottesbegriff an jener urkundlichen Stelle gemacht und für alle Zeiten und für alle Entwicklung in dieser abstrakten Formulierung festgehalten wird.

13. Betrachten wir den Zusammenhang, in dem diese erste Offenbarung Gottes, als des Seins, hervortritt. Mose wird am Dornbusch zur Befreiung seines Volkes aufgerufen. Es ist nun charakteristisch, wie der neue Gott von dem alten Gotte der Väter sich unterscheidet. Mose sagt: „Siehe, ich komme zu den Kindern Israels und spreche zu ihnen: der Gott eurer Väter hat mich gesandt zu euch, da werden sie mir sagen: was ist sein Name? was soll ich sagen zu ihnen?" Da sprach Gott zu Mose: „Ich bin, der ich bin .. ich bin hat mich gesandt zu euch" (2. M. 3, 13). Hier wird also deutlich der Gott mit dem neuen Namen unterschieden von dem „Gotte eurer Väter". Aber nur der Name ist neu; er ist nur eine neue Bezeichnung für den Gott der Väter. Dies besagt der folgende Vers, der offenbar für den neuen Namen in dem Schlußsatze gipfelt: „Dies ist mein Name für immer, und dies mein Gedächtnis von Geschlecht zu Geschlecht". Mit solchem Nachdruck wird der neue Name eingeführt als der für alle Zeiten geltende.

Es sollte daher nicht mehr vorkommen, daß von dieser Hervorhebung Gottes, als des Seienden, unterschieden wird „der wahrhaft Seiende im philosophischen Sinn". Diese Unterscheidung gehört nicht zur Bibelexegese. Nicht nur die Bibel, sondern auch die Bibelexegese braucht nichts von Philosophie zu wissen. Es genügt, daß Kautzsch trotz dieser seiner nicht sachgemäßen Bemerkung dennoch erklärt: „Die Stelle macht Mose zum Stifter des israelitischen Monotheismus". Es ist nun durchaus lediglich Sache der Philosophie, das Verhältnis klarzustellen, welches zwischen dem Monotheismus und dem Begriffe des Seins besteht. Und wenn auch der Zusammenhang der philosophischen Probleme für das Problem des Seins eine Unterscheidung von dem Begriffe Gottes fordert, so folgt daraus keineswegs, daß nicht dennoch der religiöse Gottesbegriff zu dem philosophischen Seinsbegriff in eine innerliche Beziehung treten kann.

14. Es ist übrigens auch die Bedeutung der grammatischen Einsicht nicht zu überspannen. Wenn dem Futurum die Bedeutung des Präsens zuerteilt wird, so wird dadurch eben auch die Differenz zwischen Gegenwart und Zukunft verringert. Das Sein wird nicht in der Gegenwart festgelegt, sondern es schwebt über sie hinaus. Gegenwart und Zukunft werden in diesem Sein Gottes verbunden.

Und es bedarf nur eines Vorblicks auf den Grundgedanken des prophetischen Messianismus, um die Tragweite dieses Seins für den Gott der Geschichte zu erkennen. Aber diese Konsequenz des Urgedankens haben wir jetzt noch nicht weiter zu betrachten; an diesem Punkte genügt es uns, die hohe, steile Abstraktion zu würdigen, in welcher hier bei der ersten Offenbarung der monotheistische Gott sich darzustellen wagt. Denn was hat der Redaktor sich gedacht? Wie soll der schlichte Mensch in aller bisherigen Zeit, geschweige der Israelit der Vorzeit diese Abstraktion sich zu Verstande bringen? Dennoch heißt es: „Dies ist mein Name und dies mein Gedächtnis für alle Zeiten." Der Text macht es unbestreitbar, daß das Wesen des Einzigen Gottes in diesen Begriff des Seins gelegt wird. Und so ist es nicht zu verwundern, daß die religiöse Spekulation über Gott und seine Einheit gebunden bleiben mußte an das Problem des Seins.

15. Damit aber ist festgestellt, daß die Religion, als Theologie, der Verbindung mit der Logik sich von vornherein und für alle Folgezeit nicht entziehen

kann. Denn mochte immerhin innerhalb der reinen Philosophie der Begriff des Seins nicht ausschließlich, nicht vornehmlich sich auf Gott beziehen, so fordert dennoch die Gemeinschaft dieses Begriffes eine Art von Gemeinschaft ihrer anderen, ihrer untergeordneten Beziehungen; schon die Differenz ist durch diese Gemeinschaft bedingt.

Aber außerdem wird sich die Frage erheben, ob die Gemeinschaft nicht auch positiv Unterscheidungen hervorruft, die nicht nur der Religion zugute kommen dürften. Damit blicken wir schon auf die Ethik hinüber.

16. Bleiben wir indessen noch bei dem Verhältnis zur Logik stehen, so gilt es zunächst, ein Vorurteil darin zu erkennen, daß man für die Bedeutung des Monotheismus den Schwerpunkt in die Einheit legt: er liegt im Sein, und zwar in der Einzigkeit des Seins, welches das Sein Gottes ausmacht. In diesem Sein werden allerdings die Unterschiede der Zeiten hinfällig; daher vermag noch am besten die Zukunft dieses einzigartige Sein, das wahrhaft geistige, das göttliche Sein zu beschreiben. Und so erkennen wir von hier aus, aus der Differenz zwischen der Einheit und dem Sein, aus der Verwandlung der Einheit in die Einzigkeit noch genauer den uranfänglichen Anteil des Monotheismus am Sein, mithin an der Logik, die der philosophische Mutterboden des Seins ist.

17. Auch der Zusammenhang des Seins mit der Einheit ist von historischer Urbedeutung für den Zusammenhang des Gottesgedankens mit der Logik. Bevor Parmenides Sein und Einheit verknüpfte, hatte Xenophanes durch die Einheit Gott und Welt verknüpft. So war noch vor der Verbindung der Einheit mit dem Sein der Natur die Verbindung mit dem Sein Gottes erdacht worden. Und die Eleaten wurden so die Begründer des Pantheismus.

Nicht für Gott wurde die Einheit zuerst erdacht, und auch nicht, wie durch Parmenides, für die Natur, für den Kosmos, sondern ausdrücklich wurde diese Verbindung als der Sinn der Einheit des Kosmos bezeichnet: „Diese Einheit sei der Gott." Die Einheit des Kosmos wurde gleichsam vorweggenommen, ihr wurde keine genauere Spekulation gewidmet; sie wurde aber vom Kosmos abgelöst und auf Gott bezogen, in dem diese Einheit des Kosmos erst zur Realisierung gelange. Am Kosmos hat die Einheit nur die Bedeutung der Ganzheit, der Gesamtheit (ἕν καὶ πᾶν). Erst durch die Beziehung auf Gott und seine

Einheit wird die Einheit des Kosmos vollzogen: in seiner Einheit mit Gott. Eigentlich also ist es die Identität, der die Bedeutung der Einheit zukommt. Aber auch von dieser Seite bleibt das Verhältnis unverrückt zwischen den Begriffen Einheit, Sein und Gott.

18. Parmenides läßt zwar die Identität des Seins mit Gott fallen; die Einheit wird durch ihn zu anderen Bedeutungen am Sein entwickelt, vorab zur Beharrung; aber die Einheit selbst bleibt in Wirksamkeit, kommt zu neuer Wirksamkeit am Sein: die Identität von Denken und Sein wird aufgestellt. Was bedeutet diese Identität, als eine Form der Einheit?

Eine Epoche des Geistes bezeichnet diese Wendung. Jetzt erst fängt das Leben und Wirken des Geistes an, das Selbstbewußtsein des Geistes. Der Geist beginnt da selbständig zu werden, wo er von der Natur sich unterscheidet, um sie sich unterzuordnen. Die Unterscheidung von der Natur vollzieht sich aber durch die Unterscheidung des Geistes von der sinnlichen Empfindung und Wahrnehmung, und die Unterordnung durch die Hervorhebung der Spontaneität und Reinheit des Denkens, wodurch der Unterschied von der Empfindung erst vollendet wird.

Das ist der Sinn der Eleatischen Einheitslehre von Sein und Denken. Auch hier bedeutet die Einheit die Identität von Denken und Sein, aber sie beruht auf der Einheit, die vorher an dem göttlichen Sein der Natur vollzogen worden war. Jetzt erst vollzieht sich die wahrhafte Begründung dieser Einheit: durch das Denken. Im Denken erst entsteht und setzt sich die Einheit ins Werk. Vom Denken geht diese Einheit, die das Denken ausmacht, auf das Sein hinüber, und begründet im Sein die dort schon pantheistisch vorbereitete Einheit. Jetzt erst wird sie durchgeführt, und bei dieser Durchführung, nämlich vom Denken auf das Sein und vom Sein auf das Denken, geht die Einheit wieder in die Identität über.

Aber die Einheit, im Denken, nicht in der Wahrnehmung entstanden, wirkt sich hier auch am Sein des Kosmos zur Einzigkeit durch, und das ist sehr lehrreich. Die Einheit des Kosmos bedeutet jetzt, den früheren Himmeln und Welten gegenüber, die Einzigkeit des Universums mit dem Einen Schwerpunkte der Kugel und seiner Beharrung. So wird auch hier die Einheit des Seins zur Einzigkeit der Natur gesteigert.

19. Diesen Begriff des Seins bringt der Begriff des Denkens zustande, und in diesem Begriffe des Denkens entsteht der Begriff des Geistes. Es hängen demgemäß auch in der reinen Philosophie der Natur die Einheit und die Einzigkeit des Seins mit der Einheit des Denkens und der Einzigkeit des Geistes zusammen. Denn wenn schon das Sein einzig ist, so um so mehr der Geist, der der bunten Welt der Sinne gegenübersteht. Nur das im Denken gegründete Sein bildet keinen Widerspruch gegen den Geist; denn die Welt des Denkens ist die Welt des Geistes; die Einheit verbindet Sein und Denken.

20. Es ist auch zu beachten, wie die Einheit ebenso auch Denken und Gott verbindet, was ja schon bei Xenophanes sich gezeigt hat. Und wie die Eleaten durch die Einheit Denken und Sein verbinden, so verbinden die Israeliten durch die Einheit Denken und Gott.

21. Es wird daher auch erklärlich, was man gemeinhin nicht auffällig genug findet, daß durchgängig in der alten Bibel, vom Pentateuch zu den Propheten und den Psalmen das Verhältnis zu Gott als Erkenntnis gefordert wird. Es ist nicht genug, daß der Dienst, die Verehrung, der Gehorsam gegen Gott gefordert wird: mit dem eigentümlichsten Nachdruck wird alles Gewicht auf die Erkenntnis Gottes gelegt. Und diese Aufgabe bleibt der Leitgedanke für alle Entwicklung des Monotheismus.

22. Aber noch ein anderes Motiv wird hieraus verständlich. Nicht nur die Erkenntnis Gottes wird gefordert, sondern ebenso auch die Liebe. Sie scheint ein ganz neues, ganz anderes Bewußtseinsmotiv zu sein. Und oft genug tritt daher Kollision und Konflikt zwischen diesen beiden Motiven, dem intellektuellen und dem emotionalen, ein. Der Rationalismus bemüht sich aber immer, die Einheit dieser beiden durchzusetzen. Und er tut dies völlig mit Recht. Denn es wird auch gemeinhin nicht als auffällig empfunden, wie die Liebe zu einem Wesen gedacht werden kann, das jeder unmittelbaren Beziehung mit dem Menschen entrückt ist.

Erkennen wird im Hebräischen durchgängig gebraucht für den geschlechtlichen Verkehr, und zwar für den legitimen. Es bedeutet mithin die innigste Vereinigung, und daher als Symbol die wahrhafte Erkenntnis, als Vereinigung des Geistes mit seinem Inhalt. Durch diese Identität zwischen Erkenntnis und Liebe ist vielleicht

die Liebe erklärt, die zunächst wenigstens nichts anderes
zu bedeuten habe als die Erkenntnis.

Später treten noch andere Motive aus dem Gottesgedanken
zu dieser Grundbedeutung der Liebe hinzu. Aber um so auf-
fälliger wird durch diese Identität mit der Liebe das Gebot, der
Gedanke der Erkenntnis. Wie kann es verstanden werden, daß
der Mensch eine dieser Innigkeit entsprechende Erkenntnis von Gott gewinnen oder auch nur anstreben soll?

23. Darauf gibt es nur eine Antwort, welche wiederum in
einer Frage besteht: wie kann es verständlich werden, daß das
Denken mit dem Sein in Identität kommen soll? Das ist eben der
Sinn des Denkens, und das ebenso der Sinn des Seins, darin
besteht die Neuheit, der neue Wert dieser beiden Begriffe, daß sie dieses Wunder als solches einführen. Denn auch
hier muß man fragen: wie kann ein Denken so gedacht werden,
daß es Identität mit dem Sein eingeht? Und wie kann ein Sein
so gedacht werden, daß es mit dem Denken Identität eingehen
kann? Das aber ist eben der eigentliche Sinn dieser beiden
neuen Begriffe, bei deren Entdeckung der dritte neue Begriff,
der der Einheit mitgewirkt hat. Wir schließen also von der
Bedeutung der Einheit für das Denken und das Sein der
Natur auf die Bedeutung der Einheit für die Erkenntnis Gottes.
Dem Eleatischen Sein entspricht in der Religion
der Begriff des Einzigen Gottes, als des einzigen
Seins.

24. Das ist die neue Folgerung: die Einzigkeit Gottes
bedeutet von vornherein nicht seine Ungeteiltheit, auch nicht
nur seine Unvergleichbarkeit mit anderem Sein, sondern
schlechthin seine Identität mit dem Sein, so daß dieser
gegenüber kein anderes Sein in Geltung bleibt.
Würde die Religion sich in Philosophie entfalten und ausbreiten,
so würde sie danach Kohelet zu ihrem Kanon machen, und
die Skepsis, den Schein, die Nichtigkeit über alles angebliche Sein verhängen. Der Monotheismus hat jedoch positive
Aufgaben, die ihn von dieser Negative abrufen.

25. Indessen sahen wir bereits bei Xenophanes, daß nicht
nur der Skeptizismus die Konsequenz von der Einheit Gottes
ist. Allerdings war diese Einheit, wenn nicht eine Übertragung,
so wenigstens eine Analogie mit der Einheit des Kosmos, und
in dieser Analogie selbst erst entstanden. Die Welt hat Einheit
und Gott hat Einheit. Dieses letztere bedeutet aber: Gott hat
Einheit mit der Welt. Die Einheit wird hier zur Identität,

die erst bei Parmenides zwischen dem Denken und dem Sein vollzogen wurde. Bei Xenophanes ist nicht nur Konsequenz, sondern Mitgedanke: der Pantheismus.

26. So treten vom ersten philosophischen Anfang an Monotheismus und Pantheismus in Gegensatz zueinander. So unversöhnlich, so unausbleibbar erkennen wir hier diesen Widerspruch aus dem Grundgedanken des Monotheismus heraus. Gott allein, daher der Einzige Gott, ist das Sein. Die Natur darf sich nicht der Identität mit ihm anmaßen. Er allein ist das Sein. Seine Einzigkeit bedeutet seine einzige Identität mit dem Sein, der gegenüber alles andere vermeintliche Sein zur Schattenwelt des Scheins und der Nichtigkeit herabsinkt.

Es gibt keinen Ausgleich zwischen Monotheismus und Pantheismus. Das Pan der Natur ist der absolute Widerspruch zur Einzigkeit Gottes.

Und auch hieran ändert sich nichts dadurch, daß dieses Pan für das Denken der Natur ein wertvoller und notwendiger Begriff ist. Denn man darf ja niemals vergessen, daß der Monotheismus nur ein Standpunkt des Geistes zur Welt ist, der durch andere Standpunkte der Ergänzung bedarf. Der Monotheismus ist ja nicht das Prinzip der Naturwissenschaft. Freilich ist aber auch die Naturwissenschaft nicht der einzige Standpunkt des Geistes zur Welt, insofern diese auch die sittliche Welt ist.

Wenn der Pantheismus eine Berechtigung haben sollte, so könnte er sie nur für die Ethik haben; hier aber stehen wir bei dem Verhältnis des Gottesgedankens zur Logik. Und für dieses Verhältnis bildet der Pantheismus einen Hemmschuh; denn er bringt einen Widerspruch nicht nur in den Begriff Gottes, sondern auch in den der Natur, indem er beide in Identität setzt.

27. Identität kann bestehen zwischen Denken und Sein und zwischen Gott und Sein; aber im letzteren Falle kann es kein anderes Sein geben. Der Pantheismus schafft selbst diesen Doppelsinn für das Sein, den er aber wieder aufhebt, indem er das Sein der Natur mit Gott gleichsetzt. Daher jedoch hebt er den Doppelsinn im Begriffe des Seins nicht auf, sondern er befestigt ihn.

Das ist, von aller Beziehung auf die Ethik, von aller monotheistischen Bedeutung Gottes abgesehen, der logische Grundfehler im Pantheismus: daß er den Begriff des Seins zweideutig macht. Deus sive natura, sagt Spinoza.

In diesem Einen Worte liegt sein logischer Grundfehler. Und alle Philosophie muß falsch und verkehrt sein, wenn ihr Verhältnis zur Logik nicht einwandfrei ist. Diese Einwandfreiheit muß auch bei den Definitionen und den Axiomen sich ausweisen. Es darf keine Adäquatheit der Erkenntnis angenommen werden, wenn das Prinzip, an welchem und für welches die Adäquatheit angestrebt werden soll, nicht als erstes Erfordernis der Axiome und der Definitionen befolgt und klargestellt ist.

28. Der Pantheismus muß daher einen Widerspruch zum Rationalismus und Idealismus bilden: er kann immer nur aus Mystik erschlichen sein, und mit Mystik in Verschleierung bleiben. Mystik aber verträgt sich auch mit Materialismus.

Der Rationalismus der Religion hat noch andere Bundesgenossen und Leitgedanken empfangen, außer denen der Einheit, der Einzigkeit und der innigen Erkenntnis. Die Eleaten erhalten ihre Fortsetzung in Platon. Denn was an dem Eleatischen Begriffe des Denkens noch unklar blieb, das wurde auch durch Sokrates noch nicht aufgehellt, indem dieser den Begriff in das Denken einsetzte. Die Rätselhaftigkeit dieser Macht des Denkens wurde dadurch noch nicht aufgeklärt und aufgehoben. Da kam Platon und deckte den Zauber auf, der in dem Denken wirksam wird. Er entschleierte das Geheimnis und löste das Rätsel dadurch, daß er es als Rätsel aufhob. Ihr wundert euch, so könnte er in mündlicher Rede gesagt haben, über die Zauberei, die ich in das Denken verlege, so daß es Gebilde zu erzeugen vermag, die aller Wahrnehmung und aller Phantasie entrückt sind. Wundert euch nicht, sondern lernet es einsehen, wie das Denken methodisch vonstatten geht, und welcher Vorbereitungen und Voraussetzungen es bedarf, um vonstatten gehen zu können. So kam Platon zu seiner Idee.

29. Er kam zu seiner Idee von der strengen, reinen Wissenschaft aus, von der Mathematik. Und im damaligen Schulgebrauche der Mathematik, der ja noch in den allerersten Anfängen sich befand, nannte man eine Grundlage und Voraussetzung für jede mathematische Arbeit, mochte sie nun in Grundsätzen oder nur in Grundbegriffen bestehen, eine Hypothesis. Die Grundlegung ist mithin das Erste in allem Denken. Ohne dieses Erste, ohne diesen Anfang gibt es keinen Anfang, und ohne den Anfang keinen Fortgang im Denken. Das verhält sich nicht nur so in der Mathematik,

sondern diese Methode — Platon schon brauchte für seine Idee
den Ausdruck der Methode — gilt für alles Denken des menschlichen Geistes. Alles Denken besteht und beruht in diesem
Setzen seiner Aufgabe, seiner Probleme. Alle Gedanken
sind Vorsätze des Denkens, sind Voraussetzungen, Probleme,
Vorwürfe, die es zu behandeln und zu lösen gilt. So bedarf
jede These ihrer Hypothese, die wiederum ihre Hypothese
ins Unendliche alles wissenschaftlichen Denkens hin fordert.

Dieses unendliche Denken, unendlich rückwärts in der
Reihe der Hypothesen, unendlich vorwärts in der Reihe der
Thesen, es ist das echte, reine, seinen Inhalt selbst erzeugende
Denken. Da aber für alle Unendlichkeit seiner Gebilde in der
Kraft der Hypothesis alles wissenschaftliche Denken, alles
Denken der Idee wurzelt, so ist alles Denken der Idee das
Denken der Hypothesis.

30. Der Terminus der Idee konnte beibehalten werden,
obwohl er nur ein scheinbar subjektives Moment, das Schauen
(ἰδεῖν), zum Ausdruck bringt. Denn ist es nicht auch ein
Schauen, in dem die Hypothesis erdacht wird, und verdient
dieses Schauen nicht eine bleibende Auszeichnung?

Wenn man bedenkt, daß der Stil der größten Geister sich
in Antinomien und Paradoxien an das Licht ringt, so begreift
man den Zauber, den das Schauen für Platon hatte: es ist
Sehen und wiederum nicht Sehen. Beide Bedeutungen liegen
in der Aoristform des griechischen Wortes. Und beide Bedeutungen bestehen nebeneinander. Von allen Wahrnehmungen
ist Sehen die schärfste und objektivste. Aber Denken ist nicht
Wahrnehmung, daher auch nicht Sehen. So vertieft sich im
Denken das Sehen zum Schauen. Und ein Schaugesicht ist die
Idee, wie auch die Propheten sich dieses Bildes bedienten,
worauf schon Fichte hingewiesen hat. Eine Schau ist die
Idee, die sich als Hypothesis allem wissenschaftlichen Denken
vorsetzt, zugrunde legt, seinen Vorwurf, den Inhalt seiner Aufgabe vorbildet.

31. Eine wichtige Konsequenz ergibt sich aus dem Nebeneinanderbestehen dieser beiden Bedingungen des Denkens: die
Idee ist die Hypothesis und die Hypothesis ist Idee.
Es kann nicht der legitime Sinn der Idee sein, daß sie zu
erschauen wäre anders als im Wege und in der Methodik des
wissenschaftlichen Denkens. Die Idee ist Hypothesis. Ebenso
aber kann die Idee nicht verflüchtigt und nivelliert werden zu
irgendeinem Gebild, sei es der Wahrnehmung, sei es der

Phantasie, sei es allgemein der Vorstellung, oder gar einer Eingebung. Die Idee gehört schlechterdings nur zum Apparat des wissenschaftlichen Denkens. Dieses ist zwar nicht eingeschränkt auf das mathematische, aber es müssen Analogien mit ihm herstellbar werden, wenn in anderen wissenschaftlichen Problemen der Begriff der Idee statthaft werden soll.

Niemals darf die Idee mißbraucht werden zu dem Gebild eines außerwissenschaftlichen Denkens. Der Rationalismus ist die Vorstufe des Idealismus. Wenn das Schauen soll Denken werden können, so kann dies nur auf dem Grunde des wissenschaftlichen Denkens zustande kommen. Das Schauen, das griechische Schauen ist im lateinischen Ausdruck zu neuer Selbständigkeit gekommen, und die neueren Sprachen haben diesen Prozeß fortgesetzt. So ist die Intuition in den Schein gekommen, das Erbgut des Idealismus zu verwalten. Dieser Schein ist verhängnisvoll für die Philosophie, für die Religion, für alle Kultur. Die Intuition, in sich ein Blendwerk, ist der leibhaftige Widerspruch zum echten wissenschaftlichen Denken. Nicht einmal zur materialistischen Wahrnehmung bildet sie einen klaren Gegensatz, geschweige, daß sie sich anmaßen dürfte, das Recht des Idealismus zu vertreten, den sie ja schon in seinem Ursprung, dem Rationalismus, verleugnet.

Aber mit dem Pantheismus kann sich der Intuitionismus füglich verbinden; aus den beiden Zweideutigkeiten entsteht das Monstrum einer dritten.

32. Wenngleich auch gute und fruchtbare Ansätze der Mystik an dieser Verbindung Anteil nehmen, so darf dies nur als ein neues Kennzeichen für die beiden falschen Begriffe angesehen werden. Der Gottesbegriff entsteht für die Religion im natürlichen, primitiven Zusammenhange mit dem Denken. Und seine geschichtliche Entwicklung vollzieht sich in der Lebendigkeit dieses Zusammenhanges, der sich immer genauer zu dem mit der Logik, wie sie in der vereinigten inneren Geschichte von Wissenschaft und Philosophie entsteht, entwickelt. Ohne Zusammenhang mit der wissenschaftlichen Logik gibt es keine Religion von geschichtlichem Charakter. Die Mystik bildet nur Seitenwege der Religion. Und ohne den Idealismus der Hypothesis gibt es keine Wissenschaft und keine wissenschaftliche Logik; daher dürfte ohne sie auch keine Religion zu erwarten sein! Die Intuition jedoch ver-

mag keine Logik zu schaffen. Sie ist nicht nur ein Seiten-
weg, sie ist ein Abweg des wissenschaftlichen Denkens. Die
Heerstraße des Denkens, die im Lichte der Geschichte steht,
vollzieht der Platonische Idealismus kraft der Fruchtbarkeit
seiner Methodik der Hypothesis.

33. Wenn anders auch die Ethik von der Logik, mithin
von dieser Logik der Hypothesis-Idee abhängig sein muß, so
wird die Frage entstehen, und wir werden ihr nicht widerstehen,
oder gar ihr ausweichen wollen: wie stehen die sittlichen
Ideen zu dem methodischen Werte der Idee als Hypothesis? Und endlich, wenn anders die Religion im Zusammenhange mit der Ethik steht: wie steht es um das Verhältnis
der Gottesidee zu dem Platonischen Grundwerte der
Idee als Hypothesis?

III. Das Verhältnis der Religion zur Ethik.

1. Gehen wir nunmehr auf den Zusammenhang der Religion mit der Ethik über, um von ihr aus den Anteil der systematischen Philosophie an der Religion zu erweisen, so besteht hierin der Begriff des Monotheismus und sein sachlicher Unterschied vom Polytheismus: daß in ihm nicht sowohl Gott den Hauptinhalt bildet als vielmehr der Mensch, oder genauer ausgedrückt: nicht Gott allein und an sich, sondern immer nur in Korrelation zum Menschen, wie freilich daher auch gemäß der Korrelation: nicht der Mensch allein, sondern immer zugleich in Korrelation mit Gott.

2. Schon hierdurch widerlegt sich, daß der Kultus ein Kriterium sei für den Begriff der Religion, wie von der Religionsgeschichte dies angenommen wird. Vielmehr ist der Kultus, der, in welchen Formen immer, Opferdienst ist und bleibt, ein Überbleibsel des Götterdienstes, der den Zorn und Neid der Götter beschwichtigen und der Furcht vor der Gewalt und der Übeltat der Götter Milderung schaffen soll. Es ändert sich nichts, wesentlich nichts, wenn allgemach auch Freundlichkeit an den Göttern zutage tritt; denn das alles verbessert nur den Opportunismus zwischen Gott und Mensch. Religion entsteht erst, wenn der Mensch, soweit es sich um das Problem der Religion handelt, gleichsam ebenbürtig Gott zur Seite tritt.

3. Dann bleibt das Problem nicht das Wesen Gottes, als eines Dämon, noch das des Menschen, als eines dem Schicksal oder dem Götterwillen unterworfenen Wesens, sondern ein abstrakter Begriff tritt alsdann in der Religion auf und deckt sich mit den bisherigen beiden alleinigen Begriffen der Religion: Gott und Mensch. Diesen Wendepunkt bildet das bekannte Wort des Propheten Micha: „Er hat dir verkündet,

o Mensch, was gut sei". Hier sind die drei Begriffe vereinigt. Der Mensch ist aufgetreten, an die Stelle des
Israeliten getreten. Und Gott hat ihn berufen, um ihm
Kunde zu geben — wovon? Etwa von sich? Oder vom
Menschen? Von beiden nicht. Die Kunde bezieht sich auf
etwas ganz anderes, auf einen neuen Begriff, auf einen Begriff
mit dem Schwergewicht der Abstraktion: das Gute.

Gäbe es eine tiefere, kompliziertere Abstraktion in dem
ganzen Schatz der Begriffe? Mit diesem Begriffe entsteht
die Religion, und zwar als Monotheismus. Dieser Begriff
läßt scheinbar sowohl Gott zurücktreten, wie auch den Menschen:
als ob beide erst durch den Begriff des Guten entstünden und
zu Recht bestünden.

Der Satz Michas ist nur die kurze Formel, in der sich
der ganze Prophetismus mit allen seinen Zielen zusammen-
fassen läßt. Nicht um Gott dreht sich der Propheten Sinn, ihr
Trachten und ihr Handeln, noch auch um den Menschen in seinem
empirischen Dasein, als Volk und Staat, sondern ein neuer
Mensch, die Menschheit wird ihr Begriff vom Menschen.
Und mit diesem neuen Menschenbegriffe vernichten sie die
Götterwelt und entdecken und offenbaren den Einzigen
Gott der Einen Menschheit.

Was das Gute sei, soll der Gott verkünden. Dazu beruft
er den Menschen. Was ist denn das Gute? Ohne daß wir die
Antwort Michas wörtlich anführen, können wir sicher sein, in
Übereinstimmung mit ihr zu kommen, wenn wir antworten: das
Gute ist für den Menschen die Menschheit, und um
es so auszuführen: für Gott wiederum auch nur die Mensch-
heit: ihre Gewährung und ihre Gewährleistung für den
Menschen.

4. Das ist der Inbegriff des Prophetismus: die Realisierung der Einen Menschheit im messianischen Zeitalter. Und das ist der Inbegriff des Messianismus: die
Hoffnung, die Zuversicht auf diese Zukunft der Menschheit. Die ganze bisherige Weltgeschichte, und auch die
Jahrtausende, die seitdem verflossen sind, können gar nichts
beweisen gegen diese Zuversicht, welche den Inhalt der neuen
Religion bildet.

Wie das Denken sich abkehrt von der Wahrnehmung
und der in ihr sich darstellenden Wirklichkeit, so wendet
sich die Religion des Messianismus ab von der Vergangenheit
und der Gegenwart; ein neuer Zeitbegriff wird von ihr für

den Menschen in Korrelation zu Gott geschaffen: die Zukunft. Sie allein erfüllt die Zeit; sie allein macht die Zeit lebend, wahr und gehaltvoll. Was sonst als Zeitinhalt erscheint, ist nur Schattengebild; es schleicht daher und hinkt blutleer nach, während die Zukunft allein den Pulsschlag des Lebens hat — des wahrhaften Seins, wie es bei den Eleaten im Denken ersteht. Und wie dort der Eine Gott — der dort jedoch mit dem Kosmos identisch ist — das Eine Sein hervorbringt, so bringt er hier die Eine wahrhafte Zeit für die Eine Menschheit hervor.

5. Haben wir so im Ursprung der Religion ihre Blutsgemeinschaft mit der Ethik erkannt, so ist auf dem Boden der Ethik selbst dieser Zusammenhang ferner zu betrachten. Auch Sokrates geht von dem Problem des Guten aus. Und auch er erfindet dabei den Begriff des Menschen; erfindet den Begriff überhaupt am Begriffe des Menschen. Denn über die einzelnen Berufsarten hinweg, in die sich das Leben und Treiben der Menschen abspaltet, ruft er sie auf und erweckt sie zu der einheitlichen Aufgabe des Menschen. Über alle Nützlichkeiten und Opportunitäten der Lebensdienste, denen die Berufssklaven zustreben, fragt er ihnen das Problem des Guten aus ihrer Seele heraus. So verbindet auch er mit dem Begriffe des Menschen den Begriff des Guten.

6. Mit Sokrates aber ist erst in der reinen Philosophie der Gedanke des Guten aufgekommen; aber seine Begründung konnte der Sokratische Begriff überhaupt, mithin auch der des Guten, noch nicht zu Ende führen. Der Gedanke tritt wie ein Wunder auf, oder wie ein Kunstgriff des menschlichen Denkens. Der Begriff mußte Idee werden. Das gilt nicht nur für die Logik und die Wissenschaft, sondern beinahe noch mehr für die Ethik. Und Platon brachte diese Vollendung, in der er der Ethik ihre Begründung, dem Begriffe des Menschen seine Grundlegung schuf.

Denken war es, was diese Menschen in der Ethik und für sie entdeckten. Diese Souveränität des ethischen Denkens, entgegen der Wahrnehmung in ihrer Wirklichkeit, entgegen den Trieben (des Begehrens) und subjektiven Motiven offenbart sich in dem methodischen Grundgedanken der Republik. Die Seele des Menschen, mithin sein Begriff, seine Idee, lasse sich, sagt Platon, besser und genauer im Makrokosmos des Staates als im Mikrokosmos des menschlichen Individuums erkennen. Wiederum dieselbe Richtung der Grundkraft des Denkens: die Abkehr von der Wahrnehmung und ihrem Gegenstande, den der empirische Mensch bildet, und der Aufstieg zum Menschen, wie der Prophet sagt; zum Staate, wie der Hellene sagt. Die Menschheit aber, zum Unterschiede vom Menschen, wird hier, wie dort, der neue Mensch, hier der Ethik, wie dort der Religion. Der Mensch, als Staat, das ist der Anfang vom Menschen der Menschheit. Denn auch in der messianischen Zukunft werden die Völker der Menschheit nicht anders zur ethischen Vereinigung kommen als in dem Staatenbunde der Völker selbst.

7. Indessen erschöpft sich hiermit nicht die Analogie zwischen Ethik und Religion. Erstlich werden wir fragen, ob in der Ethik kein Platz sei für Gott? Ob, wenn Platon diesen Platz nicht bestimmt haben sollte, er in der ganzen Folgezeit dort nicht Raum gewonnen habe? Ferner wird zu fragen sein, wie die Grenzbestimmungen erfolgt sein werden unter den Ideen für die Idee des Guten, und daher zwischen der Ethik und der Logik.

Hier stehen wir an der echten Pforte der Metaphysik, die an dem Kreuzungspunkte liegt, wo Natur- und Geisteswissenschaft sich scheiden, wo die Logik zu Ende geht, und die Ethik beginnen wird. Diese Probe ward auch der Ideenlehre gestellt, und Platon hat sie bestanden. Er fragte sich, ob seine Grundmethodik dasselbe Gewicht an Wahrheitsgeltung erlangen könne an dem Problem des Guten, wie an den mathematischen Ideen und kraft ihrer an dem Problem der Natur. Diese Frage erhob sich in neuer Schärfe. Denn den mathematischen Ideen und Lehrsätzen wird kein Abbruch getan, wenn man ihre Abhängigkeit von den Axiomen anerkennt, wenn man die Axiome als die Grundlegungen begreift, die voraufgehen müssen, wenn auf ihrem Grunde die Lehrsätze aufgerichtet werden sollen. Man sagt hierbei nicht, es sei sonach alles auf Flugsand gebaut; denn das Schwergewicht dieser Grundlegungen wird richtig eingeschätzt. Man geht auch über den oberflächlichen Einwand zur Tagesordnung der Forschung über: daß diese Grundlegungen ja nur relativ und provisorisch seien. Sei es drum; mögen immer neue Hypothesen zu erdenken sein. Die Einsicht aber hebt die Grundlegung über jeden Verdacht der willkürlichen Subjektivität hinweg: daß anders die Forschung überhaupt nicht anfangen kann, daß anders die Forschung ein wahrhaftes Fundament nicht gewinnen kann, es sei denn durch die Grundlegung. Die Grundlegung ist der Grund alles wissenschaftlichen Denkens; es gibt keinen anderen, und dieser ist der zulängliche.

8. Kann hingegen auch dem Problem des Sittlichen gegenüber diese methodische Einsicht volle Beruhigung geben? Sucht und fordert die Realität des Sittlichen keine höhere Bürgschaft, als welche die Idee, als Hypothesis, zu gewähren vermag? Steht das Gute auf derselben Stufe der Geltung, der Wissensforderung und des Geltungsanspruchs, auf der die mathematischen Ideen stehen, insofern sie den Grund der Natur bilden? Darf ich auch hier alle Ruhe zu finden glauben bei dieser Weisheit letztem Schluß: daß eine bessere Gewißheit nur Illusion sei, daß die letzte Bürgschaft der Wahrheit auch hier in dem Werte der Idee als Grundlegung bestehe? Und wenn es richtig sein sollte, daß eine andere Art der Gewißheit schlechterdings nicht möglich sei: sollte nicht dennoch wenigstens die Frage ein notwendiges Problem bilden, damit an dieser Frage die Differenz der Probleme zwischen dem Sittlichen und der Natur der Wirklichkeit zu einer methodischen Formulierung gebracht werden könne? Die Frage selbst hat methodische Bedeutung und daher wohl auch Fruchtbarkeit, wenngleich auch nicht in jedem Sinne ihre positive Lösung statthaft sein sollte.

Platon hat diese Kreuzfrage an seine Methode gestellt, und er hat auf Grund derselben unter den Ideen die Idee des Guten ausgezeichnet. Er hat sie als die wichtigste Idee (μέγιστον μάθημα) bezeichnet. An dem Gleichnis mit der Sonne hat er sie über alle Sichtbarkeit und Erkennbarkeit hinausgehoben, während er ihr, wie der Sonne, nicht nur den Grund der Sichtbarkeit, sondern auch den Grund des Seins und des Wachstums zusprach. Wie man jedoch nicht den Helios sehen kann, sondern nur seinen Sprößling, das Licht, so könne auch er das Gute selbst nicht bestimmen, sondern nur seinen Sprößling: der aber ist doch immer die Idee des Guten selbst.

Wie hebt sich nun der Widerspruch, daß der Ideenlehrer das Gute selbst, wie den Helios, nicht bestimmen könne, dennoch aber in der Idee des Guten seinen Sprößling anerkennt? Die Idee des Guten bleibt also trotz alledem das echte Ebenbild des Vaters; die Idee darf auch beim Guten für das Gute selbst ihr methodisches Zeugnis ablegen.

9. Der Widerspruch entsteht und hebt sich im Begriffe der Idee. Die Idee, als solche, kann nur methodische Grund-

legung sein; aber für die Idee des Guten entsteht das berechtigte Verlangen, daß sie mehr sein möchte, mehr bedeuten sollte.
Worin liegt die Berechtigung dieses Verlangens, wenn doch seine
methodische Befriedigung versagt bleiben muß? Sie liegt in
dem Werte, den der Geist dem Guten beilegt über alles
Natürliche und seine Wissenschaft hinweg. Dieses Verlangen
darf nicht gestillt, nicht befriedigt werden, weil dieser Wert
nicht geschmälert, nicht erschüttert, nicht verringert werden
darf. Dennoch aber darf diesem Problem kein anderer Grund
gelegt werden, als der in der Grundlegung liegt, weil Ethik
und Logik zwar voneinander im Inhalte des Problems unterschieden, aber im einheitlichen Denken nicht voneinander
abgetrennt werden dürfen; weil Natur und Sittlichkeit als Probleme ihrem Inhalte nach unterschieden, aber als methodische
Probleme, als Probleme der Erkenntnis vereinigt bleiben
müssen in der Einheit der Methode. So dachte Platon;
so begründete er den Idealismus in seiner doppelten
Gestalt: als Logik und als Ethik. Und so zeichnete er die
Bahn vor, die nach langen Jahrhunderten Kant wieder einrichtete.

10. Platon hat den Unterschied im Inhalt und Werte
zwischen Logik und Ethik nicht nur durch das Gleichnis
beschrieben; seine abstrakte Dialektik hat an der Grenzbestimmung dieses Inhalts der Erkenntnis denjenigen
Begriff geschaffen, in dem die Metaphysik ihren Ursprung
hat, und immerfort ihren Eigenwert behauptet. Indem er die
Idee des Guten als die höchste Idee proklamiert, erhebt er
sie auch über das Niveau des Seins, auf dem alle anderen
Ideen sich bewegen: die Idee des Guten sei „jenseit des Seins"
(ἐπέκεινα τῆς οὐσίας). Die folgenden Worte erklären genugsam
den Sinn dieses „wundersamen Übertreffens": nur die „Kraft
der Würde" (δυνάμει καὶ πρεσβείᾳ) soll dieses Übertreffen
bedeuten. Dennoch läßt es sich verstehen, wie die unmittelbare
und alle spätere Folgezeit über diese Einschränkungen hinweg-
gesehen, und nur auf die Erfüllung geachtet hat, die hier so
mächtig, so gewaltig dargereicht wird für das Verlangen, das
in aller Folgezeit an Mächtigkeit nicht verloren hat.

Es ist aber so aus der Jenseitigkeit des Seins, die hier
nur bedeutet die Jenseitigkeit zu dem durch die mathematischen Ideen begründeten Sein, jene Jenseitigkeit
zu allem Denken, zu aller Erkenntnis geworden, welche
das Problem der Metaphysik bildet, und vermöge dessen
ihr die allgemeine Heimat der Philosophie nicht genügt, so

daß sie zur Religion hinüberwandert, oder die Religion bei
sich aufnimmt.

So ist aus der Selbstrechtfertigung der Ideenlehre
die Transcendenz des Guten entstanden. Und so ist
es erklärlich, daß man alsbald, da der Monotheismus in das
abblühende Griechentum eindrang, in ihm Gott erkannte und
mit ihm identifizierte. Dem Gipfel, den die Ideenlehre in dieser
Messung des Guten mit der Idee, als Grundlegung, bildet, wurde
dadurch zwar die Spitze abgebrochen, die ihn mit dem Funda-
mente seines Erdreiches verbindet, aber der Gipfel blieb doch
in seiner Isoliertheit und Ferne am Horizonte des Denkens auf-
ragend. Das Gute war nun als das Problem des Sittlichen
ausgezeichnet, und die Ethik war von der Logik unterschieden, aber durch die Idee mit ihr in Zusammenhang erhalten, wenngleich dieser wiederum in die Metaphysik gelegt
wurde.

11. Es sei hier nur noch kurz daran erinnert, daß dieser
Zusammenhang auch noch durch andere Begriffe festgehalten
wurde, methodisch durch den Begriff des Zwecks, dessen
Leugnung daher bei Spinoza charakteristisch für seine Ethik
und nicht minder auch für ihr Verhältnis zur Logik ist.

Unter den Inhaltsbegriffen aber mußte ja schon der Begriff
des Menschen für die Behauptung des Zusammenhanges mit
der Logik sorgen, da der Mensch biologisch und anthro-
pologisch nicht von der Logik abgelöst werden kann, seiner
anderen Bedeutung nach aber gänzlich das Gebiet der Ethik
ausfüllt, so daß es bedenklich und daher gänzlich aufgegeben
wurde, den Begriff Gott neben dem Hauptbegriffe des
Menschen in die Ethik aufzunehmen. So sehr sollte sie
ausschließlich die Lehre vom Menschen sein. Wenn dadurch
nun aber wiederum der Zusammenhang der Ethik mit der
Religion aufgehoben wurde, so trat hiergegen die Metaphysik
in die Bresche, um diese Lücke zu überbrücken. Vornehmlich
hingegen sollte das Gute, als das Problem des Menschen, den
Gegenstand der Ethik bilden.

So ging es durch Altertum und Mittelalter auf die Neuzeit
hinüber. Auch Kant hielt den Zusammenhang der Religion
mit der Ethik in der präzisen Weise fest, daß er die Theologie
nur als Ethiko-Theologie gelten ließ, die Ethik mithin der
Religion als ihre Voraussetzung vorbaute und unterbaute, dennoch aber auch als ein besonderes Verhalten des Bewußtseins sie bestehen ließ. Wir kommen hierauf zurück; jetzt

aber setzen wir zunächst die vorläufige Musterung unter den
Gliedern des philosophischen Systems fort.
12. Kant hatte nämlich als drittes Glied des Systems an
Logik und Ethik die Ästhetik angefügt. Als ein Systemglied
war diese bisher nicht selbständig geworden, obschon ihre
Probleme und ihre Grundbegriffe bei Platon bereits mehr als
auftauchten und fortan nicht verschwanden, sondern bei Plotin
schon eine bedeutsame Gruppierung erfuhren. Indem nämlich
Plotin Gott als den Urquell des Schönen annahm, setzte er
das ästhetische Problem in den innigsten Zusammenhang mit
der Religion und bei seiner Platonischen Methodik mit der
Ethik und der Logik. Dennoch war der Gedanke des Systems
bei ihm noch nicht reif geworden, und alle tiefe und sinnige
Spekulation über das Schöne und über die Kunst konnte weder
im Altertum, noch selbst in der neueren Zeit, die Selbständigkeit der Ästhetik hervorrufen, bis sie aus dem Probleme des
Systems heraus bei Kant als Konsequenz sich ergab.
13. Da nun aber für dieses dritte Glied, nachdem für die
beiden ersteren Erkenntnis und Wille, die Grundkräfte des
Bewußtseins, aufgeboten waren, keine andere übrigblieb als das
Gefühl, so war es unvermeidlich, daß der Zusammenhang der
auf das Gefühl begründeten Ästhetik mit der Religion noch
lebendiger wurde, sogar als Kollision empfunden werden mußte.
Die Religion hat zu ihrem Angelpunkte Gott. Um Gott aber
scheint sich auch in der Kunst alles zu drehen, alle Gegenstände von ihm durchdrungen, alle Probleme von ihm durchleuchtet zu werden. Welcher Gott ist nun der echte und welcher
der ursprüngliche? Man braucht nur an das alte Wort Herodots
zu denken, daß Homer den Griechen ihre Götter gemacht
habe, und wie sich dies auch für die Plastik bewährt, um die
Gefahr dieses intimen Zusammenhangs hier zu erkennen. Freilich
zerbricht das Bilderverbot des Dekalogs diese anscheinende
Identität, und so hat der Monotheismus durchgängig seine
Selbständigkeit im Gottesbegriffe gegenüber allem Mythos und
aller Bildnerei behauptet.
14. Indessen hat es ja die Kunst doch nicht allein mit Gott
zu tun, sondern vornehmlich mit dem Menschen, mit der Natur
des Menschen in Leib und Seele und mit dem Menschen
der Natur, in der Landschaft und in seinem geschichtlichen Milieu. Und mehr noch als bei Gott in dem Gefühle
eines Unendlichen, tritt beim Menschen das Gefühl in der
unmittelbaren Menschenliebe zu seiner Doppelnatur in

Kraft. Nicht der Zeichenbildens- noch überhaupt der Tätig-
keitstrieb bringt an sich den Kunsttrieb hervor, sondern
wenn er nicht durch technische Mittel vorgebildet und aus-
gerüstet würde, so würde er zwar verdorren, aber dennoch
aufkeimen aus der Urkraft der Menschenliebe heraus. Der
Mensch sucht den Menschen, die Sehnsucht nach ihm kommt
seiner Auffindung entgegen, und beseelt und begeistet seine
Betrachtung. Der Mensch ist selbst das Geschöpf der Kunst,
das gilt für alle Kunst. Wenn es keine Religion gäbe, so wäre
die Kunst die Offenbarung des Menschen, und wenn es keine
Ethik gäbe, so wäre die Kunst der Abdruck dieser Offenbarung.
So unmittelbar hängt im Menschen die Religion mit der Ästhetik
zusammen.

15. Es bedarf nur des kurzen Hinweises andererseits auf
den Kultus, um die Durchführung dieses Zusammenhangs bis
in die Gefahr der Verschmelzung hinein zu überschauen. Der
Götterdienst schon erfindet dieses Doppelleben des religiösen
und des ästhetischen Menschen, und der Monotheismus gestaltet
das Verhältnis immer durchdringender, so daß der moderne
Mensch in Zweifel kommen konnte, ob seine Religiosität nicht
vielmehr ästhetische Gesinnung sei, und ob daher die Kunst
nicht berufen sei, die alte Religiosität zu entsetzen. In der Tat
konnte ja niemals der Kultus auf Poesie und Musik verzichten,
auch wenn er schon dem Bilderdienst entsagen wollte.

Und was den Menschen und das Menschliche betrifft, so
blieben Religion und Kunst miteinander in Wetteifer. Konnte
doch Schiller die Losung für die Kultur ausgeben, daß die
Erziehung der Menschheit zur Sittlichkeit der Ästhetik
zu überantworten sei, und daß die ästhetische Erziehung allein
zum ethischen Ziel gelangen könne. So ist nicht allein die Idee
der Humanität zur Ausbildung gekommen, sondern durch die
Christologie nebst ihrem gesamten ästhetischen Apparate in
der Geburt und dem Leiden Christi ist mit dem Menschenbegriffe zugleich auch der Gottesbegriff ästhetisch geworden; er hat nicht nur seine Ausschmückung, sondern auch
eine Art von Begründung im ästhetischen Problem erhalten.

16. Denn dieses ästhetische Problem war ja nicht nur ob-
jektiv bestimmt und ausgezeichnet durch die Liebe zum
Menschen, sondern auch subjektiv, vielmehr methodisch durch
diese Liebe, durch das Gefühl, das nunmehr zu einer eigenen
Grundrichtung des Bewußtseins ausgezeichnet wurde.
Dieses Gefühl aber schmiedete von neuem den Zusammenhang

zwischen Religion und Kunst. Denn wo anders im Bewußtsein ist das Strombett, in dem das Urgefühl der Liebe sich ergießt als in der Schaffenskraft der Kunst? Wenn nun auch die Religion durch die Liebe zu Gott und zum Menschen an diesem Grundgefühl Anteil hat, so kommt sie in Gefahr, in Kunstgefühl sich aufzulösen; so unentrinnbar ist ihr Zusammenhang mit der Ästhetik.

Und es ist ja nicht allein das Gefühl als Liebe, welches diesen Konflikt herbeiführt, sondern alles Streben über das Endliche, Sinnliche der Natur und der Menschenwelt hinaus, alle Sehnsucht nach dem Unendlichen gehört diesem Gefühle an und regt sich unter seinen Schwingen: wie hätte es da vermieden werden können, daß auch aus dem Gesichtspunkte des Gefühls die Berührung von Religion und Ästhetik zur Kollision führte?

17. Indessen hier gerade muß der Umschwung der ganzen Betrachtungsweise sich vollführen lassen. Wenn das Problem des Systems der vorherrschende Leitgedanke bleibt, jedes Systemglied aber durch eine reine Richtung des erzeugenden Bewußtseins bestimmt und vertreten wird, so kann das Gefühl nicht zweimal auftreten, nicht für zwei Glieder einzustehen haben. Und es müßte alsdann entweder die Kunst und demgemäß die Ästhetik in die Religion aufgehen, oder umgekehrt die Religion in die Kunst. Die methodische Leitung erweist sich hier in ihrer Differenz von einer formalistischen Schablone, indem sie vor Verirrung schützt und die Grenzpfähle ebenso zwischen den Arten des Bewußtseins, wie zwischen den Gliedern des Systems aufrechterhält.

Wenn jedoch so als eine systematische die Selbständigkeit der Ästhetik gewahrt bleibt, so bleibt andererseits der Raum offen für eine Selbständigkeit der Religion, unabhängig von der Richtung des Gefühls. Und so wird die Methodik des ästhetischen Gefühls positiv fruchtbar für eine neue Selbständigkeit der Religion, und sie beseitigt die Gefahr einer falschen nicht methodisch-systematisch begründeten Selbständigkeit.

18. Indessen ist freilich auch noch eine andere Möglichkeit nicht ausgeschlossen, und diese geht von der Ästhetik zum mindesten auf die Ethik zurück. Wenn nämlich das Gefühl einmal vergeben ist und nicht nochmal verteilt werden kann, so könnte daraus die Konsequenz gefolgert werden, daß die Religion als eine eigene und selbständige Richtung des Bewußtseins überhaupt nicht aufrechterhalten werden könne, dieweil

ja das Gefühl ihr nicht zuerteilt, eine andere Richtung des Bewußtseins aber für sie nicht ausfindig gemacht werden kann.
Dieser Konsequenz konnte ich selbst in der in meiner Ethik
des reinen Willens enthaltenen Formulierung nicht ausweichen.
Und es ist von Wilhelm Herrmann anerkannt worden, daß
ich damit nur die Konsequenz gezogen habe, die Kant selbst
aus seiner Grundbestimmung der Religion nach ihrem Verhältnis
zur Ethik hätte ziehen müssen. Ich habe die methodische
Konsequenz nicht gescheut, daß die Religion in Ethik sich auflösen müsse. Der Religion war damit nur ein scheinbarer
Schaden zugefügt, vielmehr ein Ruhmestitel zugesprochen, und
für ihre innerste Entwicklung die Losung ausgesprochen. Denn
wie könnte die Religion mehr verherrlicht werden, als wenn
ihre Auflösung in die Ethik ihr eigenes Ziel genannt wird?
Dieses Ziel wäre wahrlich nicht ihr Ende, sondern in ihm und
seiner Formulierung würde nur der Leitstern hell aufleuchten,
der bisher nur dämmerhaft ihren geschichtlichen Weg beschienen
hat. Vielleicht wäre dies sogar auch das wichtigste Kriterium
für den Wahrheitsgehalt der Religion: bis zu welchem Grade
sie dieser ihrer Selbstauflösung in Ethik fähig ist.

Und wenn noch eine historische Entschuldigung für diese
Formulierung zulässig ist, so könnte ich mich auf Micha, als
meinen Vorgänger berufen; denn auch er läßt seinen Gott von
seinem Menschen nur Recht und Gerechtigkeit und Demut
fordern. Also löst auch er die Religion in Sittlichkeit auf.
Denn wenn bei ihm nicht das Sittengesetz, sondern Gott dies
fordert, und wenn er die Demut vor Gott fordert, so macht
dies für die Ethik des reinen Willens keinen Unterschied, sofern
diese die Gottesidee in die Ethik aufgenommen hat. So
könnte ich denn getrost bei meiner Formulierung verharren,
weil sie das Verhältnis Gottes zur Ethik nicht antastet, damit
aber auch jeder weitere Grund für die Aufrechthaltung der
Selbständigkeit der Religion hinwegzufallen scheint.

19. Indessen blieben bei dieser Formulierung mancherlei
Punkte in Unklarheit. Vorab ist es die Bedeutung der Selbständigkeit, die relativ bleibt. Was bedeutet sie bei der
Religion überhaupt, wenn sie nicht eingeschränkt wird auf die
systematische Selbständigkeit? Wenn aber der Begriff des
Systems eintritt, so muß die Frage weiter dahin gehen: ob, wenn
mit der Selbstauflösung in die Ethik die systematische Selbständigkeit aufhört, nicht eo ipso überhaupt der philosophische
Begriff der Religion hinfällig wird, so daß man alsdann bei dem

empirischen Begriffe stehenbleiben müßte, sofern er sich aus der Religionsgeschichte ergibt. Damit müßte die eigentlich philosophische Behandlung der Religion aufhören, während doch ihre Probleme durchgängig nach dem Zusammenhange mit der Philosophie hintreiben. Die Religionsphilosophie aber wäre alsdann abgetan.

Es wird beiläufig dabei auch ersichtlich, wie schwankend der Ausdruck der Religionsphilosophie ist, und es wird verständlich, wie tiefere Theologen gegen diesen hergebrachten Ausdruck ein unüberwindliches Mißtrauen hegen. Aller Gebrauch der Philosophie ist zweideutig, wenn die Philosophie nicht als systematische gedacht und gefordert wird. Für unsere Zeit aber und ihre Verachtung der systematischen Philosophie, die in ihrer Insuffizienz zu ihr ihren Grund hat, ist es charakteristisch, daß man nicht genug Verbindungen mit der Philosophie eingehen kann, wobei diese Verbindungen selbst für die zersplitterten Disziplinen das geistige Band abgeben sollen. — So stände es nun aber rechtmäßig um den Begriff der Religion, wenn es bei unserer bisherigen Formulierung sein Bewenden haben müßte.

20. Mit einem Schlage konnte diese Formulierung aufgegeben und überwunden werden, indem anstatt des bloßen Begriffs der Philosophie, die Philosophie in ihrem systematischen Begriffe gedacht, der Begriff der Religion daher auch im System der Philosophie gefordert wurde. Sobald der Begriff der Religion in dieser systematischen Bestimmtheit zum Problem wurde, wurden die Bedenken gegen jene Formulierung unausbleiblich und unabwendlich. Denn wenn die Religion, wie immer geborgen, in die Ethik eingeht, so behält sie keinen eigenen Anteil am System der Philosophie; so müssen daher auch alle ihre eigensten Probleme in die Ethik übergehen und von dieser allein verwaltet und gelöst werden. Zu dieser Positivität der Fragestellung verhalf die Krücke der Systematik.

21. Nun müssen wir aber fragen, ob es sich in Wahrheit so verhält, ob in der Tat die Ethik in der Verfassung ist, alle Probleme zu behandeln, die hergebrachterweise in der Religion entstehen, und von denen angenommen werden darf, daß ihr Fortbestand berechtigt und gesichert sei? Steht es so in der Ethik mit dem Begriffe von Gott, mit dem Begriffe vom Menschen, und demzufolge mit dem Verhältnis zwischen Mensch und Gott, wie zwischen Gott und Mensch, kurz mit der Korrelation von Gott und Mensch? Befriedigt die Ethik, kann sie es ihrer Grundverfassung nach, alle Anliegenheiten dieser

Korrelation, so daß etwa nur ein praktischer Unterschied zwischen Religion und Ethik bestehen bliebe? Oder aber läßt sich die Forderung trotz alledem aufrechterhalten, daß der Religion eigene Kombinationen an dieser Korrelation zustehen, die ihr eigentümlich sind und bleiben, und die der Ethik methodisch fernliegen? Wäre dies der Fall, so wäre der Begriff der Religion im System der Philosophie ein zulässiges Problem; denn dann würde das System der Philosophie durch die Eigenart der Religion bereichert. Und es brauchte uns nicht irrezumachen, wie die Ethik ihrerseits gegen diesen Zuwachs von seiten der Religion in der Fülle ihrer eigenen Selbständigkeit sich behaupten kann.

22. Indessen tritt hier ein Bedenken auf, welches diese Möglichkeit zu beseitigen droht. Alle Systemglieder werden durch entsprechende Arten des Bewußtseins getragen: welche derselben könnte hier eintreten, da sie ja alle vergeben sind? Sollte eine neue Bewußtseinsart zur Entdeckung gebracht werden müssen, um die systematische Selbständigkeit der Religion zu retten? Und wenn dies Beginnen aussichtslos ist, würde nicht dadurch wieder das ganze Problem hinfällig?

23. Hier kann uns nun die schon gemachte Unterscheidung zwischen der Eigenart und der Selbständigkeit aus der Schwierigkeit befreien. Und der Begriff des Systems und des systematischen Gliedes wird hier immer mehr den Schein der Schablone verlieren, indem die systematische Bereicherung und Erfüllung nicht gebunden zu sein braucht an eine neue Bewußtseinsart, sondern nur bedingt ist durch einen neuen Inhalt, durch eine neue Modifikation desjenigen Inhalts, dessen Erzeugung durch eine reine Bewußtseinsart bereits gesichert ist. Es liegt nicht im methodischen Begriffe der Systematik, daß, wenn durch das religiöse Problem am ethischen Problem Modifikationen vorgenommen werden, diese letzteren selbst eine neue Bewußtseinsart zu fordern hätten. Es genügt, daß der neu modifizierte Inhalt durch eine reine Bewußtseinsart gedeckt wird. Der neue Inhalt allein begründet die Eingliederung in das System.

24. Dahingegen ist es eine falsche Forderung, für die Neuheit dieses Inhalts auch eine neue Bewußtseinsart in Anspruch zu nehmen: wenn dieser Inhalt in systematischem Zusammenhange bleiben muß mit den bereits erzeugten Inhalten, oder auch nur mit einem derselben. Dann würde ja die geforderte neue Bewußtseinsart diesen Zusammenhang zerreißen, während die Eingliederung in die voraufgehenden Bewußtseinsarten, oder auch nur in eine derselben, die Neuheit des Inhalts keineswegs aufhebt oder auch nur beeinträchtigt; nur eingeschränkt wird der Inhalt auf diesen Zusammenhang, ohne den er seine Eigenart nicht ausbilden könnte. Die Selbständigkeit wird mithin eingeschränkt auf die Eigenart; und diese wird nicht durch die Bewußtseinsart, sondern durch den Inhalt bestimmt.

25. So ist es vielmehr von methodischem Vorteil für die systematische Gewinnung der Religion in das Gesamtgebiet der Philosophie, daß keine neue Bewußtseinsart für sie stabiliert wird. Die Frage des Gefühls soll später noch eingehend behandelt werden. Hier nur sei darauf hingewiesen, daß der Gesichtspunkt des Systems sich deckt mit dem Gesichtspunkte der Kultur. Und so betrachtet, wird die Frage keine ernstliche Schwierigkeit bereiten, worin größerer Kulturinhalt liege für die Religion: ob in ihrer Auszeichnung durch eine Bewußtseinsart, wenn dies möglich wäre, oder durch ihre Einbeziehung, wie in das System der Philosophie, so in den Universalismus der Kultur, und zwar unter dem Vorbehalt, daß ihr Inhalt allen anderen Kulturinhalten gegenüber eine Eigenart dartut.

26. Jetzt dürfen wir wiederum rückwärts gehen und das Verhältnis der Religion zu den Gliedern des Systems in Betracht ziehen.

Wir beginnen mit der Logik. Die Berührung mit ihr haben wir in der Formulierung abgeschlossen, daß Gott in der Religion bedeute, was das Sein in der Philosophie. Für das Denken erkannten wir die Analogie in der Liebe der Erkenntnis. Und die Einheit wurde prägnant in der Einzigkeit.

Nun liegt aber schon in diesem Rekurs auf die Einzigkeit ein großer Widerspruch zur Logik, weil zu allem ihrem Sein. Wenn nur Gott das Sein eignet, soll es dann bei dem Urteil sein Bewenden haben, daß alles andere Sein eitel und nichtig sei? Dadurch würde die Natur vom Seinswerte entblößt. Und wenn zunächst die Wissenschaft durch dieses Urteil betroffen wird, so erstreckt es sich doch auch auf die Religion, die doch mit dem Einzigen Gotte allein nichts anfangen kann, wenn seine Korrelation mit dem Menschen, mithin zunächst mit der Natur nicht gesichert würde. Obwohl also Gott allein das wahrhafte Sein vertritt, muß ihm dennoch eine Beziehung auf das Sein der Natur wegen seiner notwendigen Korrelation zum Menschen einwohnen. Die Religion wird daher auch

aus dem Gesichtspunkte des Seins zu dem wahrhaften Sein in
Gott das Sein der Natur hinzufordern müssen.

27. Damit aber wird die Abhängigkeit von der Logik un-
bedingt. Denn die Logik wird zuerst darüber zu lehren haben,
daß diese Unterscheidung am Sein nicht die Religion allein
befällt. Auch in der Logik besteht sie zu Recht in der Unterscheidung zwischen Sein und Dasein. Und es ist die
Hauptschwierigkeit der reinen Logik, diesen Unterschied festzustellen und klarzulegen. Das Sein des Planeten hat die Bedeutung eines reinen Seins auf Grund des Planetensystems.
Der Nachweis des Planeten aber, über seine Berech-
nung hinaus, als die Wirklichkeit eines einzelnen Gegenstandes, erfordert nicht allein die Bezugnahme auf das Fernrohr, sofern es im Apparate der mathematischen Erkenntnis steht, sondern zugleich auch die Bezugnahme auf die
Empfindung, mit der auch das mathematische Fernrohr in
Kontakt gesetzt werden muß. Und so rollen sich alle Schwierigkeiten des Problems der Wirklichkeit auch hier auf, obschon der Ausgang von reinen Sein genommen wird.

Wenn man nun zu fragen gewohnt ist vom Sein Gottes
aus auf das Dasein Gottes, so muß man von der Logik darüber belehrt sein, daß mit dem Problem des Daseins das Problem der Empfindung eintritt. Wenn man also Dasein für
Gott fordert, so muß unumgänglich auch die Beziehung zur
Empfindung mitgedacht werden. Und wenngleich der Materialismus sich an diesen Sensualismus anklammert, so hilft dagegen doch entweder die Mystik, der die Wahrnehmbarkeit
Gottes kein Widersinn ist, oder aber es verbleibt bei der gene-
rellen Lösung, daß das Verhältnis des Geistes zu Gott inkom-
mensurabel sei, und zwar ebenso im Denken, wie in der
Empfindung. Die Empfindung bildet keine eigene Schwierigkeit, da sie ja auch schon für das Denken besteht.

28. Im Grunde ist dies der eigentliche Sinn der sogenannten
negativen Attribute und der docta ignorantia, wie Cusa
dies Problem benannte. Er bezog sich nachdrücklich auf Maimonides und stimmt dessen Grundgedanken zu. Maimonides
aber schneidet die Verbindung zwischen Gott und Natur im
Sein entzwei; ihm graut vor dem Pantheismus, den Cusa
nicht gescheut hat, dem er aber auch nicht ganz entgangen ist.
Maimonides aber unterscheidet daher das Sein Gottes
vom Leben. Dies aber bedeutet, obwohl er diese Bedeutung
nicht ausdrücklich ausspricht, die Unterscheidung zwischen dem

Sein Gottes und seinem Dasein. Nur das Sein ist Gegenstand unserer Gotteserkenntnis; das Dasein gehört unter die negativen Attribute, deren Sinn übrigens eine andere Formulierung fordert. Wir dürfen nur denken: Gott hat nicht das Dasein. Damit ist nach Maimonides gesagt: Gott ist der Ursprung des Daseins; ohne ihn gäbe es kein Dasein. Es enthüllt sich hier eine geistige Gemeinschaft mit dem Grundgedanken der Logik der reinen Erkenntnis.

Zu solcher Höhe der Einsicht hat sich in Maimonides die Religion aufgeschwungen; und auch hier steht er selbst auf den Schultern seiner Vorgänger. Die Gotteserkenntnis hat sich in Abhängigkeit versetzt von der Logik, diese Abhängigkeit aber in Selbständigkeit verwandelt durch die Ausbildung eines neuen und eigenen Inhaltes. Denn neue Inhalte ergeben sich aus diesem Verhältnis des Seins Gottes zum Dasein.

29. Es fehlte bisher noch die Rücksicht auf andere Schätze der Logik. Wie komme ich überhaupt auf den Gedanken der Korrelation, dem wir eine grundlegende Bedeutung hier zuerkannt und zu beweisen versucht haben? Die Korrelation ist eine wissenschaftliche Grundform des Denkens, in unserer Terminologie des Urteils. Ihr allgemeiner Name ist der des Zwecks. Wo eine Begriffsbildung angestellt wird, da wird eine Zwecksetzung aufgestellt. Eine Zweckbeziehung ist es, die wir zwischen Gott und Mensch, wie zwischen Gott und Natur ansetzen. Wenn wir fragten, wie wir zu der Korrelation von Gott und Mensch kommen, so ist die Antwort: so verfährt das Urteil in der Zwecksetzung, welche ihre allgemeine Form in der Begriffsbildung überhaupt hat. Wenn ich demgemäß den Begriff von Gott bilden will, muß ich zwischen Gott und Mensch eine Zwecksetzung vornehmen, und so auch den Begriff des Menschen aus der Gliederung im Inhalt des Gottesbegriffs gewinnen, und umgekehrt. Diese elementare Bedeutung hat der Zweck für den Begriff überhaupt. Und schon aus dieser Rücksicht erweist sich die Bestreitung des Zwecks als ein Mangel der logischen Einsicht. Aber der Zweck verfolgt eigene Zwecke, außer denen des Begriffs; oder wenigstens bildet er seinen Begriffsapparat zu neuen Problemen und neuen logischen Lösungen aus.

30. Wir hatten soeben den Gedanken der Schöpfung gestreift, der ein Spezialproblem innerhalb der Korrelation von Gott und Welt darstellt. Aber über die Schöpfung hinaus steigert der Zweck die Korrelation von Gott und Welt; er

steigert die Schöpfung zur Erhaltung. Die Erhaltung
ist eine neue Schöpfung. Und die Schöpfung bedeutet daher
vielleicht im Grunde nichts anderes als die Erneuerung der
Erhaltung. Sie bildet das eigentliche Problem; nicht, wie
man oft meint, vornehmlich oder gar ausschließlich die Schöpfung aus dem Nichts.

Die Erhaltung aber erfordert weitere Voraussetzungen.
Sie ist nicht nur die Erhaltung der Gegenwart, als der eigent-
lichen Wirklichkeit, sondern sie geht über die Gegenwart hinaus
in alle Zukunft: geht sie damit nun auch hinaus über alle
Wirklichkeit? Dies kann der Sinn nicht sein, wenn wir über
das Dasein von der Logik richtig belehrt werden. Welchen
Sinn kann dann aber die Erhaltung haben, wenn er nicht auf
die mit der Gegenwart zusammenhängende, auf ihr beruhende
Wirklichkeit eingeschränkt, wenn er auf eine unendliche
Zukunft bezogen wird?

Wir brauchen hier noch nicht zu sagen, daß wir das Pro-
blemgebiet der Logik mit dieser gesuchten Zwecksetzung über-
schreiten. Und wir brauchen auch noch nicht den positiven
Sinn zu entwickeln, den diese Zwecksetzung Gottes für
die Zukunft des Daseins hat. Wir können bei der Logik
noch stehenbleiben, um einen wichtigen Gedanken ihr zu ent-
nehmen.

31. Wir haben den Zweck unter der allgemeinen Bedeutung
des Begriffs betrachtet. Hier tritt nun aber die Unterscheidung
in eine neue Geltung, die Platon zwischen Begriff und Idee
gemacht hat. Dem logischen Verfahren des Zwecks entspricht genauer die Idee. Der Begriff geht in das Gesetz
über und ein. Wo aber mathematisch formulierbare Gesetze
aufhören, da hören nicht etwa auch Zwecke auf, sondern sie
fangen da erst eigentlich an. Wie der eigentliche Sinn des
Begriffs in dem Gesetze sich ausprägt, so der eigentliche Sinn
der Idee in dem Zweckverfahren. Und wenn der Zweck schon
an der Grenze der mathematischen Naturwissenschaft für die
Biologie entsteht, so eröffnet er das ganze große Gebiet der
Geisteswissenschaften, das ohne ihn nicht entstehen, geschweige bestehen könnte.

32. Und an der Grenze der Naturerkenntnis entsteht
daher für die Möglichkeit der Geisteswissenschaften und
für die Möglichkeit der Ethik, die gleichsam deren Logik ist,
die Frage: Welches Verhältnis besteht zwischen dem
Sein Gottes und dem Dasein der Natur? Wenn die Frage

lautet: Welches Verhältnis besteht zwischen dem Sein Gottes und dem Sein der Natur, so vollzieht sich in ihr nur die allgemeine Frage des Begriffs in bezug auf seine Gliederung bei Gott und bei der Natur. Wenn dagegen die Frage lautet: Welches Verhältnis besteht zwischen dem Sein Gottes und dem Dasein der Natur, so handelt es sich nicht mehr allgemein um die Logik des Begriffs, sondern es vollzieht sich dann eine Zwecksetzung. Der Sinn der Frage ist alsdann: Welchen Zweck hat Gott für das Dasein der Natur? Oder auch: Welchen Zweck hat das Dasein der Natur für Gott? In beiden Fällen vollzieht der Zweck eine Idee; die Idee Gottes, die Idee des Menschen; oder genauer: der Zweck vollzieht sich in einer Idee. In der logischen Tätigkeit besteht die Identität zwischen Zweck und Idee.

So sehen wir, wie sich die Abhängigkeit der Religion von der Logik im Problem der Erhaltung zugleich auch nach der umgekehrten Seite in die Selbständigkeit verwandelt, welche durch die Leitung der Frage die Religion gewinnt. Hier aber bewegen wir uns schon an der Grenze zwischen Logik und Ethik, wie denn das ganze Gebiet der Idee ein solches Grenzgebiet ist. Damit aber erkennen wir, daß der eigentliche Gehalt dieser Frage die Ethik voraussetzt.

33. Für die Abhängigkeit der Religion von der Ethik hatten wir vornehmlich auf den Begriff, oder wie wir jetzt sagen können, auf die Idee des Menschen Bezug genommen. Aller Inhalt der Ethik ist der Mensch und sein Zubehör. Es entsteht aber die Frage nach den Grenzen dieses Zubehörs: Gehört vielleicht Gott auch zu diesem Zubehör des Menschen?

In dem Grundbegriffe der Transzendenz bei Platon, aus dem von Aristoteles ab der Begriff des Absoluten entstanden ist, erkannten wir schon die Entstehung der Gottesidee in der Ethik. Und wir betrachteten schon, wie es gekommen sein mag, daß die Eingliederung Gottes in den Begriffsgehalt der Ethik nicht festgehalten wurde; wir betrachteten hierbei die Komplikation mit der Metaphysik.

34. In der neueren Zeit aber empfahl sich diese Eingliederung aus dem Grundgedanken der kritischen Philosophie nicht, sofern diese schon zwischen Ethik und Logik eine Grenzscheide aufrichtete, und andererseits auch zwischen Ethik und Metaphysik, indem sie dieser den wichtigsten, den ethischen Wert ihrer Grundbegriffe abnahm. Es wäre die Gefahr einer Verdunkelung entstanden, wenn die Gottesidee in den Lehrgehalt der Ethik aufgenommen worden wäre.

Dennoch aber ist hier eine Unklarheit bei Kant unverkennbar. Sie geht schon zurück auf die Kritik der reinen Vernunft, sofern schon in dieser die Zweckidee als die Gottesidee gewürdigt wird; und sie setzt sich fort in der Kritik der praktischen Vernunft, insofern in dieser Gott neben Freiheit und Unsterblichkeit aufgenommen wird, während andererseits eine Religion innerhalb der bloßen Vernunft selbständig gemacht wird.

Schon die Koordination von Gott, Freiheit und Unsterblichkeit, als der drei Postulate, läßt die Unklarheit erkennen, da ja die Freiheit kein Postulat ist, sondern vielmehr das Grundgesetz der Ethik. Es blieben dann nur Gott und Unsterblichkeit übrig, welche entweder beide zusammen der Ethik zugehören, wodurch aber wiederum das Verhältnis zwischen Freiheit und Unsterblichkeit unklar wird, oder die Unsterblichkeit bedeutet nichts anderes als die Freiheit, nämlich die Idee, als die Seele des Menschen. Und dann würden nur Gott und Mensch, als der Inhalt der Ethik, übrigbleiben. Es bliebe dann aber die Frage, welcher Inhalt für die „Religion innerhalb der bloßen Vernunft" alsdann übrigbleibe?

85. Wir waren bei dem Gedanken stehengeblieben, der die Korrelation, als Erhaltung Gottes für die Natur und für den Menschen, in der Form betraf, daß wir für die Erhaltung der Natur und des Menschen die Gottesidee, die Zweckidee Gottes forderten. Also nicht allein als das Absolute muß Gott in die Ethik eingegliedert werden, sondern die Grundbedingung der Korrelation schon fordert den Ausweis: was man mit der Schöpfung will oder mit der Erhaltung, es wird erst in dieser Zwecksetzung die Korrelation zwischen Gott und Natur zur Bestimmtheit gebracht.

Aus diesem Gesichtspunkte haben wir die Gottesidee zum Schlußstein unserer Ethik des reinen Willens gemacht. Man fragt nach dem Dasein Gottes. Bei Gott sollte man nur nach seinem Sein fragen. Aber man darf nicht aufhören, bei der Natur nach ihrem Dasein zu fragen und ihren Grund zu verlangen. Nicht ihrer selbst wegen ist die Natur der Gegenstand meiner ethischen Sorge, sondern um des Guten willen: daß es nicht zu einem frommen Wunsch verwelke, sondern in steter Jugendkraft blühende Wirklichkeit darstelle. Was würde aus dem Guten werden, wenn die Natur vernichtet würde, wenn sie

nicht in ihrem fortdauernden Bestande den Daseins-
grund bildete, auf dem das Gute ewiglich wachsen und gedei-
hen kann. Die Korrelation zwischen Gott und Natur bedeutet
mithin schon in der Ethik die Erhaltung der Natur
durch Gott, die Erhaltung des Daseins der Natur und ihrer
unaufhörlichen Wirklichkeit in aller Zukunft für das Sein
Gottes.

36. Gott wird daher in der Idee der Erhaltung der
Welt zum Urheber ihrer unaufhörlichen Wirklichkeit.
Die Idee Gottes bedeutet die Gewähr, daß immerdar Dasein
sein werde für die unendliche Fortführung der Sittlichkeit. Ohne
diese Gewähr bliebe die Ethik eine Theorie ohne deren notwendigen Abschluß, den der Hinweis auf ihre unendliche Praxis
bilden muß. Mit der Gottesidee hört die Ethik also keineswegs auf, Theorie zu sein; sie gewinnt vielmehr erst ihren Abschluß, ihren Gipfel. Es wäre verkehrt, wenn man meinte, Gott
werde hier nur zu einem praktischen Hilfsmittel, zu einem Hilfs-
begriff für die Praxis. Er bleibt vielmehr ein Grundbegriff,
allerdings nicht für den Beginn der Fundamentierung, sondern
allein für ihre Vollendung; aber diese Vollendung könnte ohne
ihn nicht erfolgen. So bringt der Gott der Religion eine
Bereicherung in die Ethik, ohne die sie ein Torso
bliebe.

37. Es ist gewiß bedeutsam, wie die jahvistische Bearbeitung an dem allgemeinen Mythos der Sintflut sich bewährt
hat. Durch die Arche Noahs werden Menschen und Tiere vor
dem Untergange gerettet. Zwar die Natur wird dadurch noch
nicht direkt gegen den Untergang gesichert. Aber die Natur
gibt ein Zeichen, daß die Sintflut niemals wiederkomme.
Und auch für den Zusammenhang zwischen den Lebewesen und
der Natur wird die Sicherung vorgesehen: die Taube wird aus-
gesandt, ob sie Ruhe findet für ihren Fußball. Übrigens sagt
Gott es auch „zu seinem Herzen", daß er die Erde, also die
Natur nicht wieder verfluchen wolle; Sommer und Winter sollen
unaufhörlich abwechseln, wie Tag und Nacht. Und diese Gesinnung Gottes bestätigt sich alsdann in dem Bunde, den er
mit Noah, seinen Söhnen und seinen Nachkommen errichtet:
„es soll nicht alles Fleisch ferner vernichtet werden, und nicht
ferner eine Sintflut sein, zu verderben die Erde". Der Bund
wird sodann erweitert auf „jede lebendige Seele". Und der
Regenbogen wird „zum Zeichen des Bundes zwischen mir und
der Erde". So begründet der ursprüngliche Monotheismus die

Gottesidee mit dem ewigen Dasein der Welt für das Leben, für die Seele der Lebewesen.

38. Wenn nun die Ethik schon für den Abschluß ihres Fundamentes der Gottesidee bedarf, so kündigt sich darin ein entsprechender Mangel der Ethik in ihrem Menschenbegriffe an, insofern dieser außer Zusammenhang mit Gott in der Ethik durchgeführt wird. Was ist der Sinn des Menschenbegriffs in der Ethik?

Der Idealismus der Ethik beruht auf der Grundlegung des Menschen. Welcher Menschenbegriff eignet sich aber zu solcher Grundlegung? Wir sahen schon, daß Platon das Individuum verschmähte, und als Staat den ethischen Menschen konstruierte. Der biologische Mensch, der soziologische, der empirische überhaupt, sie alle werden der Idee des Menschen nicht gerecht. Sie sind ihr nicht gewachsen: Ein anderes Wachstum des Menschen muß die Grundlegung der ethischen Menschenidee bilden. Wir haben sie gefunden, indem wir bereits in der Logik der reinen Erkenntnis die Allheit nach ihrem Unterschiede von der Mehrheit erkannten.

Das Individuum ist im günstigsten Falle ein Exemplar der Mehrheit, der es in Familie, Stand und Volk angehört. Der Mensch aber kann auch nur ein echtes Individuum werden kraft der Allheit, die ihm im Staate zuwächst. Er soll sein isoliertes Individuum abstreifen lernen und sein wahres Selbst in der Allheit finden, die der Staat ihm erschließt. Sein empirisches Ich, gleichviel, ob es Hemmnis, oder doch etwa Sporn und Vehikel seines ethischen Berufes ist, er soll es überwinden und sich emporheben zu der Allheit, die ihm nicht eine leere Abstraktion bleibt, sondern deren Dasein ihm selbst in den Schritten seiner eigenen Erhebung, seiner durch ihn sich vollziehenden Verwirklichung der Allheit lebendig wird. Schon im Pfahldorf beginnt dieses wichtigste Mittel der Zivilisation. Und alle Kultur bleibt an die Entwicklung des Pfahlbürgers zum Staatsbürger der Menschheit gebunden.

39. An der Grenze dieses Reichtums aber nagt die Sorge, und läßt den Mangel offenbar werden. Was ist der Mensch und was fehlt dem Menschen, wenn er nur Menschheit ist? Alle Hoheit, alle Wahrhaftigkeit verleiht nur die Menschheit dem Menschen, der ohne sie in aller seiner sinnlichen Realität nur ein Schattenbild wäre. Der Menschheit in seiner Person unterwirft sich der Mensch, indem er in sich, durch sich, für sich, als sich das Sittengesetz erdenkt. Die Menschheit gibt seiner Person, die nur eine Maske ist, den geschichtlichen Grund der Persönlichkeit. Die Menschheit offenbart ihm auch im Nebenmenschen erst den Mitmenschen. Die Menschheit befreit sein Selbst vom Egoismus des Individuums und von allen Gefahren der Selbstsucht, der Eigenliebe und des Eigendünkels. Nehmt die Menschheit auf in euren Willen, und ihr errichtet ihren, euren Weltenthron.

40. So hoch kann und soll der Mensch steigen, und nur in dieser Höhe steht er auf der sittlich wohlgegründeten Erde. Indessen steht er auch auf der Erde, ohne daß sie diesen sittlichen Grund ihm immer darböte. Er ist ein von den Drangsalen der Erde heimgesuchtes Lebewesen, und sittliche Nöte und Krankheiten bedrohen sein Leben und sein Schicksal. Die Menschheit bleibt nicht sein eindeutiges Feuerzeichen. Freilich nur in der Mehrheit der Völker scheint sie sein geschichtliches Verhängnis zu werden. Die Menschheit in ihrer soziologischen Zweideutigkeit wird zum Schicksal, welches den Menschen erhebt, indem es den Menschen zermalmt. Und sollte das etwa der Höhepunkt der Ethik werden, daß das Individuum vergehen muß vor und in der Allheit der Menschheit?

So hat man oft die reine Ethik mißverstanden, und dies dürfte im letzten Grunde der Anstoß sein, den man an der Bekämpfung des Eudämonismus nimmt: daß man die Vernichtung des Individuums als die notwendige Konsequenz dieses Gegensatzes ansieht, so daß die Ethik der Menschheit mit der Selbstvernichtungslehre identisch würde.

41. Diese Konsequenz muß ein Irrtum sein; sie beruht schlechthin auf dem Mißverständnis der Idee. Jede Idee erfordert das Korrelat ihrer Erscheinung. So fordert die Menschheit den Menschen, damit in der Ewigkeit der Selbstentwicklung der Mensch zur Menschheit sich emporläutere. So kann es daher gar nicht zu verstehen sein, daß der Mensch durch die Menschheit zunichte werden könnte; vielmehr soll er durch sie erst das wahrhafte Leben des ewigen sittlichen Strebens, das Leben der Ewigkeit erlangen und immerdar behaupten.

42. Indessen wenngleich nicht die Vernichtung, die Selbstvernichtung des Menschen der Sinn der Menschheit ist, so rückt die Menschheit den Menschen doch in das Licht einer Vereinsamung und Isoliertheit, einer Bedürftigkeit und Gebrechlichkeit, die ihm entgehen würde, wenigstens seinem Bewußtsein, wenn die Menschheit nicht diese Mängel grell beleuchtete. Man darf nicht sagen, daß die Einsicht in seine Defekte dem

Menschen gar nichts schade, sondern nur nützlich sei. Das gilt nur, wenn die Einsicht ihn zur Verbesserung befähigt, und somit ihm zum Beistand und zum Troste wird. Ohne die Möglichkeit solcher Hilfe würde die Lage des Menschen vielleicht trostlos werden.

43. Man darf auch nicht sagen, daß der Mensch gar nicht Mitleid mit sich selbst empfinden solle. Er gehe seinen Weg, und sehe, daß er nicht falle. Das ist alles, was er tun kann. Aber er bleibt am Ende, was er ist. Und an der Erde Brust sind wir zum Leide da. So darf man den Menschen zurechtweisen, wenn er über Leiden seines Leibes Klage führt, die ihn auf der Leiter zur Menschheit hemmen. In allen empirischen Lebenslagen, den individuell biologischen, wie den geschichtlichen, ist das Mitleid nur ein Schritt der Entgleisung von der sittlichen Bahn, während der Pessimismus eine solche Verirrung, Verkehrung des Zielpunktes der Menschheit bildet. Es ist nicht nur tragische Poesie, sondern es liegt schon eine positive Aufklärung über den Sinn des individuellen Menschenlebens in dem Satze: an der Erde Brust sind wir zum Leide da. Die Träne fließt, die Erde hat mich wieder. So ist das Mitleid die Bürgschaft des Erdendaseins.

44. Dahingegen wird es zu einer statthaften Frage, ob der Mensch etwa auch durch das Mitleid über seine sittlichen Fehler und Mängel sich trösten darf: sie gehörten allesamt zu der Vielseitigkeit seines Wesens, an dem nichts zu ändern wäre, und daher auch nicht an diesen sittlichen Schwächen; oder aber ob er diese mit dem ganzen Schmerze seiner Seele empfinden muß, so daß er sich nicht nur zeitweise befleckt, sondern durchweg verkehrt und von Grund aus verdorben erscheinen muß. Diese Selbsterkenntnis seiner Schwächen ist die Geburtsstätte der Religion.

Schon alles Heidentum hat diesen Urtypus der Religion. Der Opferkultus ist der Ausdruck dieser Unglücksstimmung. Der Mensch ist nicht nur ein Held, sondern die Sünde lagert vor seiner Tür. Das Gleichnis hat Urkraft. Die Sünde wohnt nicht im Hause des Menschen, wie es der Satz ausdrückt: der Herzenstrieb des Menschen sei böse von seiner Jugend her. Nur vor der Tür, vor seinem Labyrinth lagert sie, als ob sie zum Eintritt in das Menschenhaus einladen und verlocken wollte. So ist es tatsächlich. Die Sünde ist das größte Reizmittel des Menschen; die positiven Reize der Tugenden verblassen dagegen. Und die Sünde übermannt den Menschen, und er verliert durch sie seine Menschenwürde, er wird von der Menschheit Bahn abgelenkt, und schrumpft zu einem Individuum zusammen. Sollte man mit diesem Menschenloose kein Mitleid empfinden dürfen? Sollte das Individuum selbst es sich versagen müssen? Man bedenke doch: das Individuum klagt nicht darüber, daß es sich auflöst, sondern darüber, daß es Individuum bleibt, als solches verharrt und des Aufstiegs zur Menschheit verlustig geht. Das Individuum verlautbart die Klage des Individuums: sein Bleiben, nicht sein Verschwinden.

45. Wollte man hier nun sagen, daß dem Menschen ja in seinem Streben zur Allheit ein Trost gegeben sei gegen diesen Schmerz des Individuums und gegen seine Furcht, Individuum bleiben zu müssen, so wäre dies ein Trost, der einer Wirkung in die Ferne gleichkäme; jetzt aber gilt es die Wirkung in die Nähe. Betrachten wir diesen Aufstieg vom jetzigen Punkte aus genauer. Das Individuum fühlt sich von seiner Sünde beschwert. Da soll ihm nun die Ethik helfen mit ihrem Aufruf zur Allheit. Ist denn aber das Individuum in diesem Stadium seiner Selbsterkenntnis von seiner Sünde dieses Aufblicks fähig und zu diesem Aufstieg vorbereitet? Wir wollen hier einmal durch eine aktuelle Anmerkung die Schwierigkeit zu beleuchten suchen.

46. In der Politik meint man oft, die Selbstsucht des Individualismus überwinden zu können durch die Einhebung des Individuums in die Allheit des Staates. Man erfährt aber alsbald, daß man das Kind mit dem Bade ausgeschüttet, die Überwindung des Individualismus durch den Verlust des Individuums gewonnen hat. Das Individuum überhaupt darf nicht aufgegeben, nur seine Sündhaftigkeit soll abgestreift werden. Der Ethik aber ist kein anderes Mittel gegen das Individuum gegeben als die Allheit, die Erhebung des Individuums zu ihr und seine Auflösung in sie. Die Ethik könnte daher dem Sündenbewußtsein nur dadurch Trost bringen, daß sie das Individuum zum Verschwinden bringt — wonach die Selbsterkenntnis der Sünde auch zu verlangen scheint.

Wenn wir aber bedenken, daß der Übergang zur Allheit einer Zurüstung bedarf, deren das Individuum in seiner Sündhaftigkeit noch ermangelt, so darf ja das Individuum nicht schlechthin verschwinden, sondern es muß dieser Vorbereitung auf die Allheit wegen erhalten bleiben. Das eben ist es, was der Antinomie zwischen Individuum und

Allheit fehlt, wenn sie nur durch die politische Allheit zur Auflösung gebracht wird: es fehlt alsdann jener Rest des Individuums, der als Sauerteig für die Allheit, für ihre Entwicklung und Durchführung in ihr selbst immer erhalten bleiben muß. So erweist es sich denn nur als eine oberflächliche Beschwichtigung, wenn das Individuum in dem Momente seiner Sündigkeitserkenntnis auf seine Selbstverwandlung in die Allheit hingewiesen wird.

47. Es eröffnet sich hier daher die wichtige Einsicht: daß der Begriff des Menschen keineswegs allseitig durch die Ethik bestimmt wird dadurch, daß das Individuum in die Allheit des Staates und des Staatenbundes der Menschheit aufgehoben wird. Dieser Übergang erweist sich als ein Sprung, als eine Durchbrechung der sittlichen Stetigkeit. Die Ethik selbst kann diesen Übergang nur zum Schlußakkord machen; sie selbst bedarf des Stillstands an der Station der Sünde. Und die Ethik hat von der Religion gelernt, daß die Propheten, besonders Jeremia und Ezechiel, an der Selbsterkenntnis der Sünde das Individuum erst zur Entdeckung brachten. Und wenn auch das Individuum schließlich in die Allheit sich aufheben muß, so muß es doch auch in der Allheit Individuum bleiben; zwar ein solches der Allheit, nicht des Egoismus. Und vollends muß das Individuum selbst erst zur Erzeugung gekommen sein, auf dessen Entwicklung es immerfort ankommt.

Bis dahin also bedarf die Ethik selbst dieses Begriffes und seiner Erzeugung. Aber von der Sünde spannt sie eine direkte Brücke zur staatlichen Allheit. Und jetzt kommt es uns darauf an einzusehen, daß diese Brücke in der Luft schwebt, daß sie nicht in der Entwicklung des Individuums ihre Spannung vollzieht.

48. Die Einwände, welche besonders von Wilhelm Herrmann gegen diesen Stand in der ethischen Frage erhoben wurden, finden sonach hier in gewisser Begrenzung ihre Billigung. Stände es wirklich ausnahmslos so, daß das Individuum seinen Halt nur in der Allheit finden kann, so wäre es, da es diese Allheit niemals vollständig erreicht, sondern immer nur im Aufschwung zu ihr sich bewegen und bestehen kann, in der Tat nur ein Auftakt, keine selbständige Note, der ein höherer Wert des Verweilens beigelegt werden könnte. Das ist es, worauf jene Einwände hinzielen: daß der Wert des Individuums nur in der Allheit Bestand haben soll, während diese doch immer

nur einen ewigen Übergang zu bedeuten hat. Wiederum zeige
es sich, daß mit dem Individualismus auch der unverlierbare
Rest des Individuums preisgegeben wird. Freilich darf das
Individuum keine isolierte Selbständigkeit im sinnlichen, konkreten Sinne werden. Freilich darf ihm das Anrecht der Persönlichkeit in letzter Instanz nur immer seine höchste Aufgabe bedeuten. Andererseits aber darf die menschliche Person
doch nicht schlechthin in die Menschheit sich auflösen.

49. Schon die relativen Gemeinschaften, welche die
Ethik des reinen Willens ausgezeichnet hat, nehmen den Menschen von der Allheit zurück und verteilen ihn wieder an die
Mehrheiten, denen er keineswegs allein von seinem biologischen Ich her angehört. Um das Streben zur Allheit auf-
rechtzuerhalten, bedarf das Individuum auch seines Durchgangs durch die vielerlei Mehrheiten, welche die Kultur hervorbringt. Und in diesen relativen Mehrheiten selbst pulsiert, als
eine derselben, das Individuum. Wäre dieses ausschließlich das
biologische, und nicht zugleich das ethische Selbst, so wäre
der Übergang abgebrochen; denn vom natürlichen Ich gibt es
keine Entwicklung zur ethischen Allheit. Wenn jedoch es sich
herausbringen ließ, daß in dem Individuum der Mehrheit selbst
ein solches ethisches Ringen sich offenbarte, so wäre damit die
Gleichartigkeit des·Übergangs gewonnen; so wäre es ein
sittliches Individuum: das einerseits von der Allheit er-
mahnt, zugleich aber von den Mehrheiten, denen es angehört, zum Verharren in der Individualität angespornt
wird.

Denn die Sünde bedarf erst der Vertilgung, das Sündenbewußtsein der Versöhnung mit sich selbst, wenn aus der
Mehrheit die Allheit sich soll entwickeln können. Das Individuum will nicht voreilig über sich selbst hinausgehoben sein;
es will auf seinem Stande aushalten, bis es gerettet, in der
Rettung allein getilgt wird. Die Bedürftigkeit dieser
Rettung ist es, welche den Standpunkt der Sündener-
kenntnis auszeichnet.

50. So entsteht aus der Erkenntnis des Mangels, als eines
mit dem Begriffe des Menschen zusammenhängenden,
an sich zwar noch nicht der neue Begriff des Menschen,
wohl aber entsteht er durch die Fortführung des Gedankens
von dem Mangel zu seiner Deckung, von der Bedürftigkeit
zum Beistand, von der Sündhaftigkeit zur Erlösung und Versöhnung. In diesen positiven Momenten vollzieht sich

der neue Begriff des Menschen, den die Erkenntnis vom sittlichen Mangel und von der Sünde herbeigeführt hat. So entsteht dieser neue Begriff des Menschen als eine homogene Ergänzung des Menschenbegriffes der Ethik: eine Ergänzung als Fortsetzung.

51. Wir stehen hier am begrifflichen Ursprung der Religion. Daher ist es wichtig, die Homogeneität zu wahren, welche diese Fortführung erfordert. Die Religion darf nicht im Abbruch ihrer Beziehungen mit der Ethik entstehen, sondern vielmehr in der Festhaltung derselben in aller Bestimmtheit und Genauigkeit. Wenn das Individuum auf seiner Sündhaftigkeit bestehen und daraufhin als religiöses Selbst sich begründen will, so muß das ethische Problem des Selbst in ungeschwächter Kraft bleiben. Die ethische Kraft des Selbst beruht aber auf der Autonomie. Daher muß die ethische Selbstbestimmung auch auf das religiöse Selbst übertragbar werden, wenn anders es nur in der homogenen Fortbildung des ethischen Selbst entstehen kann.

Diese Folgerung erstreckt sich auch auf die Lösung des religiösen Problems am Individuum. Wenn seine Bedürftigkeit besser als durch den Aufschwung in die Allheit, nur durch den Übergang von der Ethik zur Religion lösbar werden soll, so darf ebensowenig die Befreiung von dem Schuldbewußtsein gegen die Grundkraft der Ethik verstoßen, wie der religiöse Aufschrei des Gewissens einen solchen Verstoß bilden darf. Die Gebrechlichkeit verletzt die Autonomie nicht, sofern diese den Aufschwung zur Allheit zum Inhalt der Aufgabe des Menschen hat.

Ebenso darf auch die Lösung, welche von der Religion erwartet werden kann, keine geringste Verletzung des Prinzips der Autonomie in sich bergen. Diese Forderung wird versichert durch die Forderung des gleichartigen Übergangs der Ethik zur Religion. Und dieser Übergang selbst wird durch die Gleichartigkeit noch genauer bestimmbar werden.

52. Im Grunde ist es gar kein Übergang, der hier bevorsteht, sondern innerhalb der Ethik selbst vollzieht sich diese Erweiterung des Problems und seine Lösung. Nicht die Ethik geht hier über in die Religion, sondern bei der Erweiterung ihrer Probleme, bei der Ergänzung des Menschenbegriffs und seines sittlichen Selbstbewußtseins, daher auch der Anwendbarkeit seines ethischen Grundgesetzes, erweitert sich der Umfang der Ethik mit dem Inhalt der Religion.

Wir werden alsbald diese Erweiterung und Ergänzung auch
für den andern Grundbegriff der Religion im ursprünglichen
Material der Ethik zu verfolgen haben.

53. Wir wissen, die Eigenart der Religion soll nicht
ihre Unabhängigkeit von der Ethik bedeuten. Wie
kann nun der Übergang von dem Menschenbegriff der Ethik zu
dem der Religion diese Eigenart begründen, die demgemäß auch
die religiöse Eigenart des Menschenbegriffs bedeutet?

Machen wir uns klar, was dem Menschen auf seiten der
Ethik übrigbleibt, um sich von dem Bewußtsein seiner Sündhaftigkeit zu befreien. Offenbar nichts anderes, als was die
Autonomie immer zu leisten und zu gewährleisten hat. Nun
besteht aber darin gerade die Klage des Individuums, daß es
mit aller seiner ethischen Anstrengung über dieses Selbstbewußtsein seiner Gebrechlichkeit sich nicht zu erheben vermag.
Freilich bleibt es dabei, daß die ethische Arbeit unter der
Wacht und Zucht der Autonomie nicht unterbrochen, geschweige
abgebrochen werden darf; unaufhörlich muß das Selbst
die Aufgabe bleiben, welche die Aufgabe des Sittengesetzes in sich enthält. Zugleich aber gilt es, die nicht nieder-
zuschlagende Einsicht zu befriedigen, daß alle diese sittliche
Arbeit Stückwerk bleiben muß bei der Sündhaftigkeit, welche
das Individuum im Grunde seines Wesens erkennt.

54. Wir stehen hier vor einem alten Kreuzwege der religiösen Parole. Beachten wir genau, wie wir hier unseren Weg
nehmen. Wir sagen keineswegs schlechthin, der Mensch sei
böse seinem Wesen, seinem Grundtriebe nach. Auch bei Kant
habe ich vor langer Zeit die Bedeutung, die er dem radikalen
Bösen gab, gänzlich nach seinem Wortlaut bestimmt und eingeschränkt auf die „Verkehrung der Prinzipien". Hiernach
ist der Pessimismus, der immer nur die Rachsucht oder die
Selbstsucht, wenn auch nur in der Form des Mitleids, als die
Triebfeder des Menschen anerkennen will, das eigentliche radi-
kale Böse. Mithin ist radikal vielmehr im Menschen das Gute,
das jedoch in das Schlechte entstellt und umgedeutet wird. So
ist das Bewußtsein der Sündhaftigkeit des Menschen durchaus
nicht gleichbedeutend mit der Schlechtigkeit seines Wesens.
Vielmehr zeugt das Bewußtsein der Sünde gegen die Schlechtigkeit und für die Wacht des Guten. Trotz alledem aber gehört
es mit in diese unaufhörliche Kontrolle, daß der Mensch seine
Pflege und Wartung der Autonomie als unzulänglich erkennen
darf, erkennen muß.

So wird die Homogeneität des Übergangs immer genauer. Die sittliche Arbeit darf niemals aufhören; ebensowenig aber auch der Kontrollgedanke, daß nur ein neuer Weg, ein neues Ziel von dem Bewußtsein der Sündhaftigkeit befreien kann; welches Bewußtsein ebenso unaufhörlich bleiben muß.

55. Das Eigentümliche der Religion haben wir allgemein erkannt in der Korrelation von Mensch und Gott. So sehen wir nun hier, daß gemäß dem neuen Menschenbegriffe, der sich beim ersten Schritte der Religion erhebt, auch ein neuer Gottesbegriff entstehen muß; sicherlich ein solcher, der den der Ethik nicht verletzen darf; der mit diesem vielmehr immer in Einklang bleiben muß: ihn aber erweitert und ergänzt.

In welcher Bedeutung haben wir den Gottesbegriff in unsere Ethik aufgenommen? Schon diese Aufnahme ist eine Neuerung, durch welche die Scheidung zwischen Ethik und Religion aufgehoben, oder, wie wir nunmehr die These berichtigen, als Scheidung aufgehoben, aber als Unterscheidung festgehalten werden soll.

Wir haben schon betrachtet, in welcher fundamentalen Bedeutung für den Ewigkeitswert der Realisierung des Sittlichen die Ethik der Gottesidee bedarf. Gott muß die Natur erhalten, damit dem Sein der Sittlichkeit das Dasein nicht entzogen werde. Diese Realität Gottes entspricht der Realität des Menschen, als Menschheit. Damit Menschheit wirken könne, gemäß der Ewigkeit des Ideals, dazu bedarf die Ethik der Gottesidee. Die Korrelation bedeutet hier die von Gott und Menschheit. Und es wird die Frage sein: ob diese Korrelation ausschließlich der Ethik gerecht wird, oder ob sie auch dem Überschritt in die Religion gerecht bleibt. Vielmehr aber ist die Frage gelöst, wenn sie gestellt wird. Bisher haben wir für die Eigenart der Religion nur als Individuum den Menschen betrachtet, nicht aber als Menschheit. Die Harmonie von Ethik und Religion wird eintreten, wenn auch die Religion auf die Menschheit bezogen wird, und zwar ohne daß dadurch die volle Individualitätsbedeutung des Menschen verkürzt wird.

56. Es besteht ja keine Kluft zwischen dem Individuum und der Menschheit. Vielmehr unterhalten die relativen Gemeinschaften, die die Mehrheit vertreten, wie die der Familie und des Stammes, die Verbindung zwischen den beiden äußersten Gliedern aufrecht. Und Gott muß auch für diese relativen Mehrheiten einstehen, in denen das Individuum die Korrelation zu ihm eingeht. So wird die Korrelation zwischen Gott und dem Individuum, auch die zwischen der Mehrheit und Gott angebahnt; der Mehrheit aber gehört auch das Individuum an.

57. Wenn nun das Individuum sich in seiner Sündhaftigkeit erkennt, so sagt der Mythos: weh mir, ich bin aus Tantalus' Geschlecht. Diesem Aberglauben, der freilich an empirischer Beweiskraft mehr gewonnen als verloren hat, tritt dennoch die Religion entgegen. Nicht der Väter wegen leiden die Söhne: ein jeder stirbt in seiner eigenen Sünde. Aber mit dieser Korrektur läßt es die Religion nicht bewenden. Sie schreitet zur positiven Formulierung: die Seele sündigt. Die Seele, das ist die sittliche Person, die, als solche, ihre Sünde erkennt, als solche, die Sünde sich zurechnet.

58. Was könnte hiergegen der Gott der Allheit helfen, wo sogar der Gott der Mehrheit vom Übel ist? Hier gilt es vielmehr, die Einheit des Menschen nicht als Einzelheit in der Herde, in der statistischen Gruppe der Mehrheit zu erkennen. Hier könnte man versucht werden, die Einzigkeit Gottes zu imitieren, und die Einheit des Menschen ebenfalls als Einzigkeit festzunehmen. Denn um diese Einzigkeit handelt es sich in der sittlichen Arbeit. Was andere Leute tun, und ob sie eine moralische Durchschnittsgruppe bilden, diese statistische Einsicht kann sehr wertvoll werden; sie ist aber wertlos der Individualität des sündhaften Menschen gegenüber. Daß alle Kreter Lügner seien, kann das kretensische Individuum in seiner sittlichen Arbeit nicht behelligen. Der Mensch, der sich in seiner Einheit, mithin als Seele und Geist, seiner selbst bewußt ist, erkennt sich nur in seiner Einzigkeit; wie auch bei Gott diese den Sinn der Einheit ausfüllt. Was leistet nun der einzige Gott dem einzigen Menschen? Auch in der Einzigkeit vollzieht sich die Korrelation von Mensch und Gott.

59. Die Einzigkeit aber fällt ganz aus dem Rahmen der Ethik heraus.

Hier muß der Überschritt zur Religion eintreten. Der einzige Gott vollzieht damit eine neue Bedeutung seiner Einzigkeit: er ist einzig für den Menschen, sofern dieser als ein einziger gedacht werden muß. In einem synagogalen Gedichte Jehuda Halewis findet sich dieser pantheistische Bezug zwischen Gott und Mensch in der Einzigkeit. Dafür hat die Religion zu sorgen; deshalb wird der Überschritt zu ihr unternommen: daß sie dem Individuum, als solchem, nicht nur kraft der Allheit, Hilfe bringt. Der Mensch ist einzig; dies bedeutet vornehmlich seine ethische Suffizienz, die in seiner Individualität sich abschließt. Ich darf ihn nicht unter dem Gesichtspunkte der Mehrheit allein betrachten. Und wenn ich ihn unter die Allheit stelle, so führe ich ihn damit ein in die Triumphbahn seiner Einzigkeit.

60. Aber die Einzigkeit des Individuums bedeutet ferner auch seine Isoliertheit und seine Einsamkeit, die nicht lediglich aus seiner Mehrheit herstammt, die etwa ihn im Stiche ließe oder sonstwie seiner Selbstheit sich widersetzte. Die Einsamkeit kommt jetzt über ihn aus der Erkenntnis seiner ihn vor sich selbst isolierenden Sünde: was hülfe es ihm da, wenn er sich beschwichtigen wollte damit, daß andere nicht besser seien, und daß sie ihn verführt haben: dürfen andere die Urheber seiner Handlungen, seines sittlichen Verhaltens sein? Er muß sich also isoliert denken, sofern er sich sündhaft denkt.

Und nun entsteht die Frage: ob der einzige Gott etwa nur für die Allheit Sorge trägt, oder aber ob er seine Einzigkeit auch da bewährt, wo der Mensch in einer ethischen Bedeutung sich selbst Einzigkeit zuerkennen muß. Diese Frage aber richtet sich nicht mehr an die Ethik, von der sie auch oft genug abgelehnt wird, insofern sie nur in Allheit und Mehrheit den Menschen kennen will. Die Sünde indessen ist nur individuell. Eine Massensünde ist Krankheit.

Und die Frage richtet sich gar nicht auf eine einzelne Station im Leben des Menschen, sondern gleichsam auf sein ganzes Menschenleben. Wenn anders nun diese Frage ethisch berechtigt ist, die ethischen Mittel aber versagen, auch der Gott der Ethik versagt, sie zu lösen: wird alsdann ein neuer Gottesbegriff zu fordern sein für den neuen Menschenbegriff des sündigen Individuums?

61. Hier stehen wir vor der Scheidelinie nicht sowohl zwischen Religion und Ethik, als vielmehr zwischen Religion und Polytheismus. Denn nicht nur der Mythos nährt sich aus diesem Urgrunde, sondern auch der Opferkultus begründet sich in ihm. Wie kann Gott dem Individuum helfen, das sich seiner Sünde bewußt wird? Wie anders als durch die Vergebung. Diese aber muß herbeigeführt werden durch Opfer und Bittflehen. Das Opfer versöhnt sogar nicht nur den neidischen, sondern auch den gnädigen Gott. Dieser durch Opfer für das Individuum zu gewinnende Gott ist jedoch nicht der Gott der Religion.

62. Der Widerspruch des Opferwesens gegen die Religion beruht in der Zweideutigkeit, als ob Gott durch irgend etwas anderes zur Befreiung des Menschen von seinem Sündenbewußtsein bewogen werden könnte, es sei denn durch die sittliche Arbeit des Menschen selbst. Aber wenn und sofern diese in unaufhörlichem Vollzuge bleibt, so bleibt auch die Forderung wach, daß Befreiung, Erlösung ihm zuteil werde, obschon er diese sich nicht selbst zu erringen vermag. Das ist das Neue in der Leistung Gottes: die Erlösung des Individuums. Und diese Erlösung beruht auf zwei Bedingungen, die einander auszuschließen scheinen. Die eine ist: der Mensch kann sich durch alle seine sittliche Arbeit nicht selbst von dem Selbstbewußtsein der Sünde erlösen. Und die andere: Gott allein kann ebensowenig diese Erlösung bewirken. Der Widerspruch hebt sich nicht in der allgemeinen Vermittlung von Gott und Mensch auf, so daß beide Begriffe in ihrem Zusammenwirken die Erlösung zur Folge hätten, sondern in der abgestuften Weise vollzieht sich die Ausgleichung: die sittliche Arbeit des Menschen bleibt die unerläßliche, die unaufhörliche Voraussetzung. Und bei dieser menschlichen Arbeit kann Gott keineswegs mitwirken; wie könnte Gott in Gemeinschaft treten mit dem Menschen? So wenig die Erlösung ein Gnadengeschenk Gottes sein kann, ebensowenig kann sie das Produkt seiner Mitwirkung bei der sittlichen Arbeit sein, über die das Wesen Gottes hinausliegt. Aller Pantheismus und alle Ausgleichung und Nivellierung des Gegensatzes zwischen Gott und Mensch darf hier nicht in Versuch genommen werden.

63. Während der Mensch bei der Korrelation, die unsere Aufgabe jetzt bildet, nur als tätiger Faktor gedacht wird, wird Gott dagegen als das Ziel gedacht, auf welches die eigene sittliche Arbeit des Menschen hin gerichtet wird. So bleibt das Ziel zwar noch der sittlichen Arbeit angehörig; man könnte sogar von einem Faktor sprechen, den das Ziel bildet; aber das Ziel ist nicht mit dem Faktor identisch zu machen. Alle Aktivität liegt beim Menschen, dem sie nicht erlassen, kaum erleichtert werden kann. Aber der Erfolg dieser sittlichen Arbeit, der, als ein innerer, den Begriff der Handlung erfüllender, gedacht werden muß, hängt doch nicht ausschließlich von dem Menschen und seiner Arbeit ab.

So muß, so kann allein die Korrelation von Mensch und Gott hier aushelfen, wo Gott erdacht wird, aber nicht anders als in der Korrelation zum Menschen; wo er also bei dem Problem der Erlösung nicht als ein ebenbürtiger Faktor mitwirken kann. In sittlicher Tätigkeit, in der Verwirklichung des Sittlichen, steht der Mensch allein da. Der Gott, der in dieser Verwirklichung, in dieser Befreiung dem Menschen helfen soll, kann und darf den Menschen nicht von seiner Menschenwürde ablösen; dies geschähe aber, wenn er von der Gewissensarbeit entbunden oder sie ihm auch nur erleichtert werden könnte. Gott macht dem Menschen seine eigene Gewissensqual nicht überflüssig; er stellt sich ihm nicht zur Seite und hilft ihm nicht bei dem Geschäfte der Reue und der Buße. Aber diese hat zur Voraussetzung, daß ein Gott da sei, auf den die Korrelation in dieser Form der Sünde sich richtet; und der die Korrelation zu dem neuen Sinne bringt, daß die Befreiung, die der Mensch selbst nicht vollbringen kann, in dieser neuen Korrelation zu Gott in Vollzug trete. Der neue Sinn Gottes entspricht dem neuen Begriffe des sündigen Menschen. Und dazu entsteht zuvörderst die Korrelation des zur Seligkeit befreiten Menschen.

64. Das ist der neue Gott, der Gott der Religion, im Unterschiede von dem Gotte der Menschheit in der Ethik. Die Erlösung befreit von der Sünde. Und im Hinblick auf diesen Gott der Erlösung breitet der Mensch die Sündenfülle seines Herzens vor sich aus, weil dieser Hinblick ihm zugleich die Gewißheit bringt, daß diese seine sittliche Bußarbeit nicht verlorene Liebesmühe sei, sondern daß sie das Ziel erreichen kann, das ihr ohne Gott unerreichbar bliebe. Der Mensch bleibt in der Arbeit, aber Gott, der an dieser Arbeit selbst nicht teilnimmt, wird als das Wahrzeichen gedacht, das die Befreiung von der Sünde bewirkt.

65. Wie der Begriff des Menschen eine andere Bedeutung erlangt hat als in der Ethik, so auch der Begriff Gottes. Aber wie der religiöse Begriff des Menschen trotz der Differenz zwischen Individuum und Menschheit, und trotz der Differenz zwischen unaufhörlicher sittlicher Arbeit und dem Ziel der Befreiung von der Angst des Gewissens, dennoch in der selbständig bleibenden sittlichen Arbeit auch bei dieser Befreiung in Zusammenhang mit der Aufgabe der Sittlichkeit verbleibt, so verhält es sich auch mit Gott. Wie er in der Ethik für die Menschheit die Verwirklichung des Guten gewährleistet, so leistet er auch in der Religion diese Verwirklichung am Individuum. In der Ethik umstrahlt Gott die Menschheit mit der Zuversicht der Sittlichkeit auf Erden; in der Religion das Individuum mit der Zuversicht seiner persönlichen Befreiung von Schuld und Sühne, seiner Wiederherstellung zur Aufgabe der sittlichen Freiheit. Auch hier behauptet sich die Gleichartigkeit der Idee für die Ethik und für die Religion.

66. Man wird doch nicht etwa den schalen Gedanken einwenden, daß diese Gleichartigkeit nur eine Illusion bleibe, während der sittliche Mensch dieses Durchgangs durch das Bewußtsein der Sünde gar nicht bedürfte.

Es ist ein schwerer Fehler der modernen Kultur, daß sie die Argumente der Religion als veraltet und als geschichtliches Material der Mythologie ansieht. Die Reaktion auf diese Vorurteile einseitiger Bildung zeigt sich alsbald sogar im engeren Betriebe der Philosophie. Der Pessimismus, dieses Hemmnis wahrhafter Ethik, hätte nicht so um sich greifen und in Schwärmerei und Obskurantismus ausarten können, wenn die religiöse Spekulation innerhalb ihrer ethischen Grenzen nach ihrer wissenschaftlichen Bedeutung anerkannt würde. Die Sünde ist ein Ferment der Sittlichkeit, und das Sündenstadium des Individuums daher ein unentsetzbares Glied in der Begriffskette des sittlichen Menschen. Und ebenso ist der Gott der Vergebung, der Erlösung und der Versöhnung nicht etwa ein Mythos, sondern, wie er eine notwendige Ergänzung zum Gotte der Ethik bildet, so ermöglicht er auch jene befreiende Arbeit des Individuums, die ohne das Ziel der Gnade den Sinn ihres Weges verlöre.

67. Die Gnade ist schlechthin der Sinn der Bußarbeit des Gewissens. Die Korrelation tritt in Wirksamkeit. Die Sündigkeit des Individuums wäre ein Hirngespinnst, wenn nicht in Gott als ihr Ziel die Vergebung aufleuchtete. Die Korrelation von Gott und Mensch, wie sie sich hier fortsetzt, vollzieht diese logische Konsequenz der Begriffe. Ohne die Vergebung hätte die Buße keinen Sinn; und ohne die Buße könnte Gott nicht zum Gotte des Individuums werden.

Überlegen wir es noch einmal: ohne die Vergebung hätte die Buße keinen Sinn. Könnte der Ethiker etwa diesem Satze seine Zustimmung versagen? Wenn anders er den Gang des Individuums in das Labyrinth des Gewissens mitgeht, muß er den Ariadnefaden festhalten; der Mensch darf nicht im Labyrinthe bleiben. Kann er sich aber etwa dem Gange ins Labyrinth versagen? Sofern die Tugendwege dem Gebiete der Ethik angehören, muß diese Nachsicht mit den Schwächen und mit der Schwachheit des Individuums eine Rücksicht der Ethik sein. Hier aber steht sie an ihrer Grenze, an der sie in die Religion übergeht. Und hier erfordert es die genaue Grenzbestimmung, daß die Religion mit ihrer Eigenart eintritt; mit ihrer Eigenart, aber in ihrer Gleichartigkeit mit der sittlichen Arbeit und mit den sittlichen Zielen.

68. Hier scheidet sich nun aber im Begriffe der Religion das Judentum vom Christentum.

Denn im reinen Monotheismus des Judentums hat der Gott der Gnade und der Vergebung nur diese Bedeutung: das Ziel, den Erfolg, den Sieg der sittlichen Selbstarbeit des Menschen zu verbürgen. So steht die Korrelation hier in klarer Gliederung: hier der Mensch, das Individuum in seiner Isoliertheit, und dort Gott in seiner Einzigkeit. Die Transzendenz Gottes bedeutet die Suffizienz des Menschen für die Behauptung seines Menschentums. In der selbständigen Sittlichkeit des Menschen beruht diese Suffizienz: die nur erfüllt, nicht eingeschränkt wird durch das Ziel, auf das, wie jede menschliche Tätigkeit, so auch diese, hingerichtet sein muß.

Das Christentum dagegen nimmt an der Zweideutigkeit des Pantheismus teil und läßt schon an der sittlichen Arbeit selbst den Gott im Menschen teilnehmen. Die getrennten Kompetenzen fließen dadurch ineinander, und die Begriffe schränken einander ein. Nicht allein der Begriff Gottes verliert dadurch seine Transzendenz und Eindeutigkeit, sondern auch der ethische Begriff des Menschen wird an diesem Grenzpunkte von Ethik und Religion ungenau, insofern die Kompetenz seiner sittlichen Arbeit beeinträchtigt wird.

Sie wird auch beeinträchtigt, wenn ihr selbst in irgendeiner Vermenschlichung Gottes zugleich die Kompetenz der Erlösung zuerteilt wird, während sie eben nur als Kompetenz der Arbeit und zwar der Suffizienz zu derselben sich darstellt. Der Mensch in der Idee seiner Individualität hat nur das Schweben auf der Stufenleiter von Sünde und Befreiung als seine Würde zu erkennen. In ihm selbst darf keine Kraft liegen, die ihn über dieses Schweben hinweghebt.

Erlösung und Befreiung müssen unterschieden werden. Die Arbeit der Befreiung allein liegt dem Menschen ob; seinem Wesen, seinem Berufe, seinem Begriffe fern jedoch liegt das Resultat der Befreiung: die Erlösung. Sie allein

steht bei Gott. Und nur bei Gott allein steht die
Erlösung. Für sie ist die Befreiung nur die notwendige Voraussetzung, nicht aber eine homogene Mitwirkung. Mensch
und Gott bleiben geschieden, wie Streben und Gelingen, wie Kampf und Siegespreis. Wie der reine Monotheismus die wahre Befreiung lehrt, so auch die wahre Erlösung. Die Religion verbindet beide Momente, aber sie erhält
aufrecht ihren Unterschied.

69. Indessen nähert sich der moderne Protestantismus
offenbar diesem reinen Monotheismus. Der pantheistische
Doppelsinn, der die zweite Person der Gottheit umschleiert,
wird allmählich abgestreift, und die menschliche Person Christi
wird für die lebendige Arbeit der Religion in den Mittelpunkt
gestellt. Daher auf der einen Seite das Bestreben, die Geschichtlichkeit Jesu zu retten, andererseits aber seine ideale
Bedeutung für das religiöse Leben des Individuums von jener
Frage der Geschichtlichkeit unabhängig zu machen. Wenn
die sittliche Arbeit mit Ernst und Wahrhaftigkeit durch-
gedacht wird, so kann das Vorbild Christi gar nicht bestehen bleiben. Man muß auf die Mystik zurückkommen,
die Luther in dem Satze ausgesprochen hat: Christus ist dir
Gott, wie du deinem Nächsten ein Christus sein sollst.

Und für das religiöse Selbstbewußtsein, sein Kämpfen und
sein Ringen bleibt Christus nicht als geschichtlicher Christus
ein sachliches Vorbild, sondern vielmehr nur das Vorbild des
eigenen Selbst. Dieses Vorbild des menschlichen Individuums
darf kein Schattenbild sein; aber es verliert den Wert des sittlichen Ideals, wenn es ein empirisches Geschichtsbild würde.
Es darf schlechterdings nur das Ideal des Menschen sein,
und zwar nicht das der Menschheit in seiner geschichtlichen
Universalität, sondern das des Individuums in dem Bewußtsein
seiner Isoliertheit, seiner Bedürftigkeit, seiner Gebrechlichkeit;
zugleich aber auch seiner Würdigkeit zur Erlösung.

Dieses Idealbild des menschlichen Individuums ist nicht das
Schreckgespenst seiner Verzweiflung, sondern das Heldenbild
seines Ringens über seine menschlichen Grenzen hinaus, aber
verklärt durch die Zuversicht der Erlösung, die ihm von jenseits dieser Grenzen der Menschheit entgegenleuchtet: die Zuversicht von einem Gotte der Gnade und der Erlösung; von einem
Gotte, der kein Mensch ist, der aber dem sündigen Menschen
die Hand reicht: der die Korrelation mit dem menschlichen
Individuum eingeht.

Jetzt ist das Tor zur Religion weit geöffnet, und doch werden wir sehen, daß die Homogeneität mit der Ethik bestehen bleibt und wachsam erhalten werden muß: da es immerfort wieder fraglich werden kann, ob nunmehr nur Religion, oder doch vielmehr nur die alte Ethik den neuen Anbau bildet. **70.** Wenn nun der Mensch in seiner Bußarbeit sich selbst als den Urheber seiner Sünde erkennen muß, so erschöpft sich diese Bußarbeit nicht in der Zergliederung seiner Sünden und in der Zerknirschung darüber, so daß dieser entgegen nur noch die Gnade zu winken hätte, sondern es gehört zu dem sittlichen Charakter dieser Buße, daß der Mensch über diesen seinen Charakter als Urheber seiner Handlungen in tiefes Nachdenken eintritt. Seines eigenen Charakters wegen muß der Mensch daher die Frage an sich stellen, wie er dazu kommen kann, der Urheber einer unsittlichen Handlung zu werden. Wird ihm dieses Dunkel nicht entschleiert, so bleibt ihm für sein eigenes Wesen nur das Schreckbild eines radikalen Bösen übrig. Dann würde aber die Korrelation hinfällig. Das würde sie, wenn die Gnade einem Unwürdigen von Gott zuerteilt würde und nicht einem kraft der Menschenwürde auch des Gottes und seiner Gabe Würdigen. **71.** Aus diesem Dilemma ergibt sich eine wichtige Konsequenz. Die Schuld des Menschen kann nicht ein Beweis sein für seinen Abfall von Gott, für seine Heterogeneität zu Gott. Die Sünde muß immer im Zusammenhang sein mit der Vergebung. Aber sie darf trotz dieses Zusammenhangs die Schärfe ihres Begriffs nicht einbüßen. Wenn der Mensch nun fragt, wie er der Urheber seiner bösen Handlungen sein könne, und wenn er sich sagen muß, daß er als solcher sich zu erkennen habe, gleichviel, ob er diese seine Urheberschaft begreifen kann, oder nicht, so muß er in die Gedanken seiner Buße den Gedanken der Vergeltung aufnehmen, der göttlichen Strafe, die ja gemildert wird durch die göttliche Gnade.

Aber wenn wir oben sagten, daß die Erlösung zur Voraussetzung habe die Erkenntnis der Sünde, so muß diese Bedingung erweitert werden dahin: daß die Erlösung zur Voraussetzung habe die Bereitwilligkeit, die Strafe auf sich zu nehmen für das begangene Unrecht. Ohne diese Vergeltung kann sich die Bußarbeit nicht vollenden und nicht die Gleichartigkeit zur Erlösung herstellen. Die Strafe erscheint somit als ein inneres Merkmal zum Begriffe der Buße. Die Strafe ist eine ethische Forderung. Wir haben sie als solche in der Ethik des reinen Willens festgestellt. Sie erscheint hier nur wieder mit den anderen Begriffen, welche die Grenze von Ethik und Religion bilden.

72. Wenn wir nun sagen, die Strafe sei eine sittliche Forderung, so ist, wie so viele ethische Abstraktionen, auch diese nur ein Gegenbild zur Wirklichkeit. Die Wirklichkeit ist ein Jammerbild der Strafen Gottes. Wir nennen nur die Strafe Leid. „Ach an der Erde Brust sind wir zum Leide da.“ Und wenn wir vorher nach dem Grunde unserer Schuld fragten, so fragen wir jetzt nach dem Grunde des Leides in der Menschenwelt, und zwar zunächst mit der Beschränkung auf unser eigenes menschliches Leid.

73. Mit dieser Frage aber dämmert uns als Antwort die Frage auf, die wir nach dem Grunde unserer Schuld gestellt hatten. Für unsere Schuld forderten wir die Strafe. Jetzt erkennen wir das Leid im Menschen und fragen nach seinem Grunde. Es ergibt sich aber ein Zusammenhang der Gründe hier. Wenn wir nur erst das menschliche Leid als die göttliche Strafe erkennen, die wir im Verlauf unserer Buße fordern mußten, so wird auf einmal alles klar. Das Leiden im Menschen ist eine Tatsache. Und sie wird verständlich, wenn das Leid als Strafe erkannt wird, die eine sittliche Forderung ist. Durch diese kann daher auch das Leid in seiner Wirklichkeit begründet, als Notwendigkeit erkannt werden. Das Leiden ist die Strafe des Sünders. Die Strafe ist das Erbteil des Menschen, nicht sowohl, weil er ein Sünder ist, sondern weil er von der Sünde durch die Bußarbeit sich zu befreien hat.

74. Und so klärt sich auch die Korrelation von Gott und Mensch als Theodizee auf. Die Leiden begründen keinen Pessimismus; sie widerstreiten nicht dem gnädigen Gotte, dessen Werk sie vielmehr mit Unbedingtheit vorbereiten. Der Mensch nimmt das Leiden als Strafe auf sich. Dadurch verblaßt die Strafe; als Leiden verklärt sie Gott, wie Mensch. Der Mensch erleidet die Strafe für seine Schuld als die Vorstufe, die sein Leiden bildet für seine Erlösung. Das Leiden gehört in die Vorstufe der Bußarbeit, aber es berührt schon die Grenze, welche die Idee des Menschen bildet unter der Glorie der Gottheit.

75. So verbinden sich Mensch und Gott in dieser Korrelation, welche sich zugleich als Theodizee bewährt. Das

Leiden, es bildet kein Fragezeichen mehr gegen das Wesen Gottes, noch auch gegen das des Menschen. Und es ist auch nicht nur ein pädagogisches Mittel, auf daß die Bäume nicht in den Himmel wachsen, geschweige denn, daß die Süßigkeit der Freuden besser ausgekostet werden könne an dem Widerspiel des Leids. Das Leid gehört als Strafe zum ethischen Begriffe des Menschen, und auf diesem ethischen Grunde erhebt sich für die Eigenart der Religion die Palme der Erlösung.

76. Nun ist aber das Leid gar nicht allein das Kennzeichen meines Individuums. Als solches dient es mir zur Mahnung und zur Vergeltung. Aber ich sehe es ja auch in Wirklichkeit bei den anderen Menschen und bei ihren relativen Gemeinschaften. Soll ich, darf ich auch da auf die Frage nach ihrer Urheberschaft des Schlechten nur antworten: ja, die Menschen sind schlecht samt und sonders? Oder aber soll ich bedenken, daß, wenngleich ich mich selbst nur als schlecht erkennen muß, ich den anderen nicht in gleicher Weise katechisieren darf.

Wie soll ich mich nun aber zu der Tatsache des allgemeinen Menschenleids verhalten, wenn ich nicht soll sagen dürfen, das Leid sei die Strafe für die Schuld; und der Tod, als Symbol des Leids, die Strafe der Sünde? Man muß doch die Frage nach dem Grunde des allgemeinen Menschenleids stellen. Die Frage der Theodizee ist doch auch hier, erst recht hier, unabweislich. Was bedeuten nun also Krankheit und Tod für das Menschenleben, wenn sie nicht angesprochen werden dürfen als gerechte Vergeltung für das menschliche Unrecht?

77. Bedenken wir, daß der Wandel in den religiösen, wie auch schon in den sittlichen Vorstellungen im Laufe der Zeiten, im Wechsel führender Persönlichkeiten nicht am Schnürchen einer Schablone sich abspielt, sondern, daß in natürlicher Entwicklung und Verschlingung oftmals neue und den ursprünglichen entgegengesetzte Motive den Gedankenprozeß lenken. Wenn ein Zeitalter vom Mysterium des Todes ergriffen ist, und aus ihm heraus alles menschliche Leid zu begreifen sucht, so denkt ein anderes Zeitalter nüchterner, und an die Stelle des Mysteriums tritt das Geschichtsbild der sozialen und politischen Wirklichkeit.

So ist es bekannt, daß die Propheten die messianische Verkündigung zunächst zwar verknüpfen mit dem Geschichtsbilde des Krieges, und zwar in doppeltem Sinne. Dem Hauptgedanken nach nämlich soll im messianischen Zeitalter der Krieg überhaupt aufhören, und dieses Aufhören des

Krieges wird geradezu das Symbol des Messianismus, ähnlich wie für die Mystik der Tod verschwindet und vom ewigen Leben verschlungen wird.

Andererseits aber arbeitet die dichterische Phantasie der Propheten gerade vorzugsweise mit den ergreifenden, erschütternden Kriegsbildern. Alle Not und Drangsal, alle Greuel und Frevel des Krieges werden mit zügelloser Rachelust beschrieben, wenn die alte Welt ihr Ende finden und eine neue Welt erstehen, von dem Messias heraufgebracht werden soll. Auch die Psalmendichtung wird von diesem Ingrimm, der ein Teil der messianischen Stimmung wird, ergriffen; und was man gemeinhin Rachepsalmen nennt, das ist vielmehr die gewaltige messianische Ergriffenheit, die den Krieg als das durchgreifende Mittel in Anspruch nimmt, der ganzen bisherigen Welt den Garaus zu machen, damit die Welt des Friedens aufblühen kann.

78. Es ist ein charakteristisches Zeichen für den Stil der alten Bibel, daß sie nicht bei allgemeinen Bildern vom Menschenlose und vom Weltverfahren es bewenden läßt, sondern, wie sie nicht bloß Botschaften, Reden und Episteln enthält, sondern auch politische und juristische Gesetze und Verordnungen, daher auch überhaupt mit scheinbar prosaischer Genauigkeit und Bestimmtheit eingeht auf die Einzelheiten des menschlichen Treibens in der Gesellschaft und im Staate, in der Familie und im Verhalten des Menschen gegen sich selbst. Diese Eigenheit des alttestamentlichen Stils erklärt sich genugsam aus der Ursprünglichkeit seiner historischen Verhältnisse, aus der eine Naivetät in Sage und Geschichte literarisch hervorgehen konnte. Es wird da nicht ausschließlich gepredigt, geschweige polemisiert; es soll nicht eine Mutterreligion kritiert, auch nicht einmal eine eigene Religion gestiftet werden. Es wird erzählt, berichtet, gespiegelt, wie die Religion innerhalb des Volkstums entsteht und sich weiterbildet; wie aus der Religion der Väter allmählich die Religion des „Heiligen Israels" wird, der der „Herr der ganzen Erde genannt werden soll". Nur in dieser messianischen Bezugnahme kommen die anderen Völker der Erde in Betracht; und nur in diesem Betracht treten sie auch in den politischen Horizont ein: ob nämlich Bündnisse mit ihnen geschlossen werden sollen, oder ob Krieg gewagt werden darf und unternommen werden soll.

79. Wenn nun aber der messianische Fernblick die Politik

und deren Gewaltmittel, den Krieg, in den Vordergrund rückt,
so öffnet die innere Politik den Blick auf die engen, kleinen,
aber allbeherrschenden Verhältnisse der Gesellschaft
und ihrer wirtschaftlichen Bedingtheiten. Unter diesem
Gesichtspunkte wird nun aber das allgemeine Menschenleid am sozialen Kriterium der Armut erfaßt.
Wie der Mystiker sich an den Tod hält, der Weltpolitiker an
den Krieg, so der Sozialpolitiker an die Armut. Sie ist der
Inbegriff des sozialen Menschenelends; woher kommt
sie? Wie verträgt sie sich mit dem Begriffe Gottes, mit dem
Begriffe des Menschen? Was nützte es, wenn Krankheit und
Tod aufhörten, nicht aber die Armut; würde dadurch nicht
nur das menschliche Elend durch die Verewigung gesteigert?
Es ginge dabei, wie im Mythos, um ewiges Leben ohne ewige
Jugend. Welchen Grund aber kann es für die Armut geben,
wenn sie nicht als Strafe für die Schuld soll gelten dürfen?
Und überlegen wir es noch einmal: es wäre doch durchaus
unangemessen, mit einem solchen Grunde in der Tasche in die
Welt hinauszutreten, und mit dem Blicke des Weltenrichters
das gesamte soziale Elend zu überschauen. Was sollte aus
dem Individuum selbst werden, das in einer solchen satten
Befangenheit und theoretischen Genugtuung auf seine engeren
sozialen Verbindungen hinblickt; und wie sollte ein solches
Individuum zur Allheit des Staates sich erheben können, wenn
ihm aller Sinn für Gleichheit und Gerechtigkeit verstopft
ist durch die Scheinlehre: wie alles Elend, so erkläre sich auch
die Armut aus der geringeren sittlichen Qualität der von ihr
Betroffenen.

80. Wir stehen hier an einem großen Wendepunkte nicht
nur der Ethik und der Religion, sondern auch der Politik
und der Religion. Nicht nur die Ethik behauptet sich in
ihrer Selbständigkeit dadurch gegen die Religion, daß sie dieser
eine unpolitische Weltfremdheit zum prinzipiellen Vorwurf
macht; daß diese Weltfremdheit ihr im Blute liege, weil sie
in den Spekulationen über Gott und seine Vorsehung
das Interesse an der geschichtlichen Wirklichkeit ab-
stumpfe; weil sie, vom ewigen Leben mythisierend, das aktuelle Leben der Weltgeschichte übersehe. Daher müsse die
Ethik ihren weltlichen Charakter aufrechterhalten und ihn vor
der Vermischung mit der Religion verwahren.

81. Von der Politik aus wird der Angriff noch schärfer.
Die Religion wird beschuldigt, im Schlepptau der Obrigkeit

einherzuschleichen, um mit deren Hilfe die Schleichwege innerhalb der Kultur durchzuführen. Wie überall in der Geschichte,
gibt es auch hier eine gewaltige Antinomie. Der Staat, das
letzte Ziel aller Menschenvereinigung, ist dennoch nicht auch der
einzige Weg zu diesem Ziele. Seit den neueren Zeiten ist der
Staatsidee zur Seite teils, teils entgegengetreten die Idee der
Gesellschaft. Nicht nur in dem Sinne, den die Gesellschaft
freilich auch hat, den wirtschaftlichen Grund des Zusammenhangs der Menschen zu bedeuten, sondern vielmehr in dem
anderen Sinne ist die Idee der Gesellschaft zur Losung der
neueren Zeiten geworden: daß sie den Staat aus seinen Engen
und Zwängen erweitere und befreie, um seine Allgewalt gerade
um so mehr zur Befestigung und zur Bestätigung, zu einer ethischen Verwirklichung zu bringen.

Der Staat an sich würde in Starrheit verknöchern, im
Flußbette des Verkehrs versanden, wenn seine Rechtsformen
nicht beständig zur Verjüngung aufgerufen, zu neuem Leben
für die Autorität des Staates und die Allheit der Menschen
umgestaltet werden. Das ist das Verhältnis zwischen Gesellschaft und Staat.

Und dieses Verhältnis durchzieht auch die gesamte
Geschichte Altisraels. Im ganzen Mosaismus verschlingt
sich der Sozialismus mit den Instituten von Recht und
Staat. Und der ganze Prophetismus verschärft diesen
innerlichen Gegensatz dieses Weltalters.

82. So mußte der Prophetismus eine scharfe Stellung
nehmen zu der Frage: wie die Armut, die die Propheten
gemäß ihrer Sozialpolitik als das eigentliche Menschenleid erkannten und exemplifizierten, mit der Gerechtigkeit
Gottes in Einklang zu bringen sei. Die alte mythische An-
schauung von der Vererbung der Schuld auf die Ge-
schlechter mußte zerschellen an der neuen Lehre von der
individuellen, persönlichen Sünde. Diese aber konnte nicht
aufrechterhalten werden als Grund der Armut, wenn dagegen
der Reiche als der Schuldlose betrachtet werden müßte:
der vielmehr als der Inhaber und Verüber der Gewalt ge-
brandmarkt werden muß. Wo gab es einen Ausweg für dieses
Dilemma, wenn die Differenz zwischen arm und reich ebenso
stark empfunden wurde, wie die zwischen schuldig und unschuldig?

83. Da wurde es nun entscheidend für die ethische Echt-
heit des Monotheismus, daß die Propheten, und nach ihnen

die Psalmendichter zu einer Konsequenz sich erkühnten, die
nur auf ihren Prämissen sich aufbauen konnte. Sie traten
auch hier dem Mythos entgegen und schlossen umgekehrt:
der Arme ist unschuldig: er leidet unschuldig. Das
Leiden ist nicht Strafe; sonst wäre Armut Strafe,
und Reichtum Tugend und Tugendpreis. Hingegen
ist vielmehr die Armut das Wahrzeichen der Frömm-
migkeit.

84. Die hebräische Sprachwurzel für arm leistete diesem grundlegenden Gedanken Vorschub. Arm bedeutet ursprünglich bedrückt, und gedrückt bedeutet auch demütig.
Demut aber ist die Tugend des Armen, das Kennzeichen
des echten Menschenleids. Diese Bedeutung läßt sich
aber auch in dem hebräischen Worte für fromm erkennen.
So werden die Armen zu den Frommen und die Frommen zu den Armen.

Und damit wird die Frage hinfällig nach der Schuld der
Armen an ihrem Leide; denn sie haben keine Schuld:
sie sind die Frommen. Die Frage geht daher von den Armen
über auf Gott: wie kann Gott das Leid der Frommen
verantworten? Diese Frage aber war ja auch ohne soziale
Einsicht schon früher gegen Gott gerichtet worden: wie kann
es dem Gerechten schlecht ergehen?

85. So bildet die Theodizee den Angelpunkt in der
Entwicklung des Monotheismus. Diese Frage, wie sie sich
über viele Literaturgruppen ausbreitet, erweist ihre hohe Bedeutung; die Frage selbst hat ihre Bedeutung, abgesehen von
ihrer Lösung. Denn wie sollte eine befriedigende Antwort auf diese Frage möglich sein? „Willst du die Ferne
Gottes finden, und zum Ende der Allmacht hingelangen?" So
erklärt Hiob, gleichsam aus dem Gesichtspunkte der Metaphysik, die Frage für unlösbar. Aber ethisch kann sie um so
mehr lösbar werden, und aus der Ethik heraus auch das Wal-
ten Gottes erhellen.

86. Der Prophetismus hat selbst auch eine Antwort
versucht, die mehr nach der Metaphysik hin zu liegen scheinen
könnte. Er hat sie aus dem Gesichtspunkte des Messianismus stellen müssen, und demzufolge auf die Völker, anstatt
nur auf die Individuen, die Frage gerichtet. Auf diese Lösung
wollen wir hier noch nicht eingehen. Sie bildet vielleicht ein
Grundkapitel in aller Philosophie der Geschichte: das
Leiden eines Volkes für ein anderes oder für andere

Völker, für deren Kulturarbeit in der Weltgeschichte, wobei freilich vorbehalten bleibt, daß das Leiden des einen Volkes nicht minder als Kulturarbeit für den Sinn und Wert der Weltgeschichte gelten müsse.

Stellen wir uns nun auf den Standpunkt der neugewonnenen Einsicht, daß die Armen die Frommen, also die idealen Menschen seien: welches Entsetzen muß uns bei diesem Gedanken erfassen. Kann es uns genügen und beschwichtigen, wenn wir hören, und selbst wenn wir Einsicht und Überzeugung davon gewinnen, daß diese als widerwärtigste Differenz erscheinende Identität im Plane der göttlichen Vorsehung liege? Was kann alle theoretische Einsicht helfen gegenüber der Tatsache, vor die unser sittliches Gefühl, unser sittliches Urteil gestellt wird, daß die Armen die Frommen seien? Mögen immerhin die Reichen in ihren Gütern schwelgen; das sollte mich weniger anfechten; wenn nur nicht die Frommen bittere Not litten; wenn nur nicht die Armen die geschichtlichen Bürgen der Sittlichkeit wären!

87. Eine epochemachende Wendung mußte hier eintreten. Wir sind vom Gebote der Nächstenliebe her an den Gedanken gewöhnt, daß der Nebenmensch ein Mitmensch sei. Und so auch nehmen wir das Gebot der Liebe als eine selbstverständliche Pflicht hin. Indessen ist weder der Mitmensch, noch gar die Liebe zu ihm eine selbstverständliche Regung des menschlichen Bewußtseins. Hier stehen wir vielleicht, wie am Dornbusch, an der heiligen Stätte, an der der Begriff des Mitmenschen und der Begriff der Menschenliebe aufging.

So lange der Mensch die Kultur, in die er hineingeboren wird, als das selbstverständliche Ziel des menschlichen Daseins ansieht, so lange erträgt er auch weltsinnig die Differenzen in dem Haushalte der Kultur. Man weiß, wie Aristoteles sich das Gewissen erleichtert hat. Wenn Maschinen erfunden werden, die das Sklavenwerk ersetzen könnten, dann freilich könnte man der Sklaven entbehren. Die Kultur ist dem Griechen das Ziel und der Sinn des Menschenlebens.

Die Propheten dachten anders. Sie konnten sich von jener Kulturphilosophie nicht trösten lassen über den Jammer, den sie bei dem Menschenelend der Armut empfanden. Jetzt erst wurde es ihnen klar, was der Mensch ist und was er für das Bewußtsein jedes Menschen bedeutet. Der Mensch ist dem Menschen nicht ein Fremder, der auch ein Sklave sein könnte, sondern er gehört in mein Selbstbewußtsein; und zwar nicht allein theoretisch, sondern vor allem praktisch.

Und wie wurde diese praktische Einsicht gewonnen? Hier trat das Leiden ein. Der Mensch leidet, und zwar als Armer; und er ist kein isoliertes Glied in der Maschine des menschlichen Haushalts, und kein isoliertes Wesen, wie es etwa das Tier ist, sondern ich kann mich selbst nicht als Menschen denken, es sei denn, daß ich meinen Begriff des Menschen von diesem Menschenbegriffe des Armen abstrahiert habe.

88. Und diese Gedanken bleiben nicht bloße theoretische Abstraktionen im Bewußtsein des Menschen, wenn er zu dieser sozialen Einsicht gelangt ist: mit dieser Erkenntnis regt sich zugleich ein heftiges Gefühl der Beziehung, wie theoretisch des einen Ich zum anderen Ich, so praktisch des eigenen Gefühls zu dem Leide des Armen. Das Leid bleibt nicht theoretische Erfahrung: es verwandelt sich in einen Affekt. So entsteht das Mitleid, als einer der natürlichsten Affekte im ganzen Seelenleben des Menschen.

Unbegreiflich, aber charakteristisch ist die Verdächtigung des Mitleids bei Spinoza und bei Schopenhauer. Wer dagegen von Differenzen in der Betrachtung des Menschenlebens ausgeht, erstlich im Moralischen, dann aber auch im Sozialen, und wer diese beiden Differenzen nicht identisch macht, der wird das Mitleid achten und ehren und hegen als ein notwendiges Grundmittel in der sittlichen Entwicklung des menschlichen Bewußtseins. Das Mitleid verklärt sich zur Menschenliebe.

89. Die Menschenliebe bliebe Abstraktion, wenn nicht das Mitleid sie erweckte, herausforderte und lebendig machte. Alle Wesen sind für den theoretischen Blick in ihrer Verschiedenheit von mir begründet. Ich frage nicht, warum es Tiere neben mir gibt; noch auch, warum Menschen. Aber wenn ich Menschen leiden sehe, so verschwindet sofort die theoretische Gleichgültigkeit hinter dem ethischen Interesse. Und wenn dieses nun gar angespornt wird durch die Einsicht vom Armen, als dem Frommen, so müßte es um alle Einheit des Bewußtseins geschehen sein, wenn ich nicht sofort zur Mitleidenschaft mich aufgerufen fühlte. Das Leiden des Frommen darf mir nicht gleichgültig sein; es müßte denn die Frömmigkeit selbst mir gleichgültig werden. Jedoch unter dem Gesichtspunkte des

Frommen geht mir nun aber auch das ganze Elend auf, das der Arme darstellt. Er leidet, und ich sollte nicht wenigstens mit ihm leiden? So wird der Begriff des Mitmenschen und die Liebe zum Mitmenschen begründet in der Erkenntnis des Armen, als des Frommen.

90. Und wie es sich bei dieser ganzen Frage um den Begriff des Menschen handelt, so nicht minder auch um den Begriff Gottes. Und hier können wir nun auf den Grenzpunkt treffen, an dem Religion und Ethik sich berühren, mithin ebenso sich unterscheiden, wie vereinbar werden.

Der Gott der Ethik ist der Gott der Menschheit; der Gott, der aus der Vielheit der Völker die Eine Menschheit herstellt und in dieser Einen Menschheit die Sittlichkeit zur Wirklichkeit bringt. Die Religion dagegen hat es vorab mit dem Individuum zu tun, das zwar auch von der Ethik gebraucht, aber in der Sünde für die Ethik von der Religion entdeckt wird. Nun aber hat sich allmählich dieses Individuum erweitert; die soziale Verallgemeinerung hat ihm eine breite Mehrheit verschafft; freilich keine Allheit. Aber die soziale Einsicht, wie sie vollends durch den sozialen Impuls angetrieben wird, erweitert wiederum diese Mehrheit. Es fehlt nicht viel, und das Mitleid wächst in das Urteil aus: sind es denn nicht alle Menschen, mit geringen, verschwindenden Ausnahmen, die von diesem Menschenleid der Armut betroffen sind? Was bedeutet danach die Unterscheidung zwischen Mehrheit und Allheit?

91. So leichtfertig waren die Propheten nicht in ihren Schlüssen. Sie hielten an der Allheit der Menschheit fest, und verringerten darüber doch nicht den erdrückenden Wert der Mehrheit, die sich ihrem Mitleid eröffnete. Sie hielten fest an dem Einzigen Gotte, und wurden in dem Glauben an ihn, als den Bürgen der Allheit, nicht erschüttert durch die soziale Einsicht von der Majorität der Armen. Sie brauchten darin nicht erschüttert zu werden, weil sie ja bereits die Armen als die Frommen erkannt hatten.

Nun aber übertrugen sie diese Einsicht auch auf ihren messianischen Gottesbegriff, dem sie dabei die höchste Vollendung gaben, indem sie ihn von allen Schlacken nationaler Zufälligkeit befreiten.

Messias, der Gesalbte, war ursprünglich der Priester und der König. Und als die Salbung nicht mehr auf jene Berufstätigkeit beschränkt wurde, als sie bezogen wurde auf

den Dienst der Menschheit „am Ende der Tage", da wurde
es doch als eine Störung empfunden, daß dieser höchste und
letzte Beruf der Menschheit im nationalen Bewußtsein verbunden
blieb mit dem nationalen König. Diese Verbindung war zwar
um so ungefährlicher, zugleich aber um so inniger und unlös-
barer, als das Königtum untergegangen und seine Blüte in
David eine verklungene Sage war. Um so trostbedürftiger
klammerte sich die Hoffnung an diese Vergangenheit an, und
mischte dem Messiasbilde historische Nebenzüge an, die seinen
weltgeschichtlichen Sinn mindestens verschleierten.

92. Jetzt aber ist der Arme zum idealen Menschen geworden.
Jetzt kann daher nicht mehr der König der berechtigte Messias sein. So entsteht beim zweiten Jesaia das Bild von dem
„Knechte Jahves", der alle Züge der sozialen Armut, alle Züge
auch der messianischen Frömmigkeit an sich trägt. Das ist die
große Entwicklung, welche am Messiasbilde aus dem
sozialen Menschenbegriffe heraus für den monotheistischen Gottesbegriff vollzogen ward. Und so wird es
erklärlich, wie die Psalmen mit der messianischen Zuversicht
das Rachegefühl verbanden für den Untergang der Frev-
ler und die Rechtfertigung und die Erlösung der Armen.
Die Antinomie von Krieg und Frieden ist auch für den Psalmen-
sänger nicht aufgehoben. Wenn der Gottesfrieden kommen
soll, dann müssen die Feinde Gottes vernichtet werden. Nur
dadurch kann die Rechtfertigung der Armen erfolgen, die
mehr besagt als ihre ledigliche Erlösung.

93. Auf diesem Höhenpunkte des Messianismus sehen wir
wieder die Religion mit der Ethik zusammengehen.
Aber an der Grenze gerade ist die Scheidung festzuhalten.
Zunächst will es scheinen, als ob alle Unterschiede schwänden.
Denn sowohl Gott, wie Mensch, scheinen ihre ethische Grund-
bedeutung wiederzugewinnen. Für Gott besteht sie, wie wir
wissen, in der Bürgschaft für die Realität des Sittlichen.
Und die religiöse Bedeutung Gottes scheint zwar nur das Indi-
viduum, nicht die Menschheit anzugehen; aber der Gott der
Armen ist nicht der Gott der Frommen oder des schuldigen
Individuums, sondern er ist der soziale Gott, dessen
Partikularismus vielmehr echter Universalismus ist. Und
so ist auch der Mensch wieder, unter dem Lichte der sozialen
Humanität, in die Menschheit aufgenommen.

94. Dennoch sind die Unterschiede, haarscharf, wie sie
sind, festzuhalten. Es ist immer hier die Gefahr vorhanden,

daß die Grenzen ineinander überlaufen. Der ethische Gott der Menschheit kennt zwar die Mehrheit der Armen; er wäre sonst eine blasse Abstraktion, der das Blut der Geschichte fehlte. Und er ist, als der ethische Gott, auch keine nur theoretische Figur, bei der sich etwa der Pessimismus beruhigen könnte; auch er muß vielmehr für das Recht der Armen eintreten. Worin unterscheidet er sich nun von dem religiösen Gotte? Hierauf antwortet wiederum die Korrelation von Gott und Mensch. Auch der ethische Mensch, der Selbstzweck und Endzweck ist, wehrt den Armen ab, der zumeist bloß Mittel ist. Und so ruft er die Anstalten hervor, welche diese Abwehr erfordert.

Indessen von dieser ethischen Einsicht ist es noch ein weiter Schritt zu der Liebe, die wir aus dem Mitleid als den charakteristischen Affekt der Religion entstehen sahen. Freilich kann es mit der Liebe gehen, wie mit dem „andächtig schwärmen", das nach Nathan leichter ist als „gut handeln". Aber von den Mängeln und Mißbräuchen müssen wir absehen, wenn wir den Eigenwert dieses religiösen Grundbegriffs prüfen.

95. Der ethische Grundbegriff ist die Achtung, die sich lediglich auf die sittliche Würde jedes Menschen bezieht; die aber gar kein Auge dafür hat, ob der Mensch arm und elend, oder reich und üppig ist. Für diese sozialen Unterschiede aber muß das Auge geschärft werden. Und das Mitleid ist die Brille, die diese Entfernung dem Menschen näher bringt. Und wo einmal das Mitleid eingesetzt hat, da muß die Menschenliebe aufgehen, wäre es auch nur als ein Ersatz für das Mitleid, das herausgefordert wird. Die Menschenliebe ist die religiöse Form des sozialen Verhältnisses zwischen Mensch und Mensch. Und die Armut ist das optische Mittel, den Menschen als Mitmenschen und somit als ein natürliches Objekt der sozialen Menschenliebe zur Entdeckung zu bringen.

Der Konflikt, der hierbei mit der Aesthetik einzutreten scheint, soll hier noch nicht erwogen werden.

96. Jetzt können wir nun auf die Frage antworten, worin für Gott der Unterschied zwischen Ethik und Religion besteht. Wie die Liebe erst durch die Armut erweckt, und der arme Mensch erst zum Mitmenschen wird, so tritt auch bei Gott erst in der Religion die Liebe in Kraft. Die Ethik treibt Geschichtsphilosophie; sie kann Jahrtausende sich gedulden, und braucht doch nicht dem Pessimismus zu verfallen. Das Individuum geht ihr in die Menschheit auf. Aber der religiöse Gott kann nur Leiden der Liebe verhängen. Er muß die Menschen lieben, und zwar jedes Individuum als solches. Das Leiden, dessen Symbol die Armut ist, darf ihm nicht gleichgültig sein, nicht ein unvermeidlicher Nebenerfolg seiner Vorsehung. Das Verhältnis kehrt sich hier um. Er muß die armen Menschen lieben, weil der Mensch seine armen Mitmenschen lieben soll. Als durch die Menschenliebe bedingt, erscheint so die Gottesliebe, während der Pantheist die Liebe bei Gott unpassend findet und Spinoza ausdrücklich diesen Trumpf ausspielt.

Dahingegen erkennen wir als Konsequenz der Korrelation hier die Liebe Gottes mitenthalten in der Menschenliebe zum Menschen. Denn wenn ich den Menschen in seinem sozialen Charakter erkenne und daher liebe, so weiß ich zugleich, daß dieser soziale Charakter im Zusammenhange mit einer göttlichen Weltordnung steht, daß der Arme der Fromme ist, und daß Gott sie beide liebt. So unterscheidet die Liebe Gott und Mensch in Ethik und Religion.

97. Und je feiner die Unterscheidung durchgeführt wird, desto weniger entfernt sich die Religion von der Ethik, desto mehr erfüllt sie sich mit dieser ihrer Vorbedingung, von deren Leitung sie nicht abweichen darf, wenn anders ihre Selbständigkeit nur Eigenart ist, welche jedoch von der Selbständigkeit der Ethik auf Schritt und Tritt abhängig bleibt.

So ist es Grundbedingung bei der Buße, und so auch bei der Liebe, die durchaus nur auf dem Grunde der Achtung sich einstellen kann. Daher auch bilden bei Gott die Leiden des Armen keinen Widerspruch gegen seine Gerechtigkeit. Seine Liebe löst diesen Widerspruch. Und die Liebe des Menschen ist und wird keine religiöse, wenn sie nicht in der Achtung wurzelt. Von ihr erst zweigt sich das Mitleid ab.

98. Es dürfte sich von hier aus auch die Auffälligkeit heben, die mit der Liebe zu Gott verknüpft zu sein scheint. Während der Pantheist an der Liebe von Gott Anstoß nimmt, könnte der Monotheist Anstoß nehmen an der Liebe zu Gott. Gott ist ihm das einzige Sein, das nur das Denken zu suchen, zu begründen vermag. Und wenn die Erkenntnis dem Menschen zugesprochen wird, so wird eine unendliche Aufgabe damit ihm gestellt, nicht etwa ein ruhiger Besitz und ein fertiges Geschenk. Wie kann man nun diese rastlose Aufgabe der Erkenntnis Liebe nennen? Kann es befriedigen, daß das hebräische Wort Erkenntnis und Liebe zugleich bedeutet?

Wenn wir nun aber einsehen, daß die Liebe die Triebkraft der religiösen Begriffe ist, und zwar auf Grund ihrer Verbindung mit den sittlichen Grundbegriffen, so wird dieser Anthropomorphismus leichter erklärlich. Gott lieben, heißt in der Tat nichts anderes, als bis zur Innigkeit sich bewußt machen der Verbindung, die zwischen Ethik und Religion in den Begriffen Gott und Mensch besteht. Wenn ich Gott liebe, so denke ich ihn nicht mehr nur als den Bürgen der Sittlichkeit auf Erden, sondern von der Allheit lenke ich den Blick ab über andere Formen der Mehrheit hinweg auf diejenige Partikularität, welche den Armen als Beispiel der sozialen Partikularität aufhebt und schlechthin zum Individuum macht. Unter dieser Beleuchtung entsteht mir der Mitmensch und die Liebe zu ihm. Unter dieser Beleuchtung entsteht mir der Gott, der der Beistand des Armen ist und sein Rächer in der Weltgeschichte. Diesen Rächer der Armen liebe ich; denn er ist mir der Bürge des Mitleids mit dem Armen. In ihm sehe ich längst nicht mehr den Strafrichter der Schuld; denn die Schuld ist auf ein höheres Niveau gestiegen, so daß die Vergebung und Erlösung der Liebe auch diesem höhern sozialen Niveau entsprechend geworden sind.

Wenn ich Gott liebe, so liebe ich nicht pantheistisch das Universum, nicht die Tiere, die Bäume und die Kräuter, als meine Mitgeschöpfe, sondern aber ich liebe in Gott einseitig den Vater der Menschen, und diese höhere Bedeutung und diese soziale Prägnanz hat nunmehr der religiöse Terminus von Gott als Vater: er ist nicht sowohl der Schöpfer und Urheber, sondern vielmehr der Schutz und Beistand der Armen.

An dem Armen geht mir der Mensch auf. Daher kann ich den Menschen nicht denken ohne das Mitleid mit ihm, ohne die Liebe zu ihm. Nicht das Universum, aber das sittliche Universum, das soziale Dasein der Menschen muß ich denken und lieben, wenn mein Denken Gottes: Liebe heißen darf.

99. Es dürfte bedeutsam sein, wie der Pentateuch die Liebe zu Gott einschärft. Gemeinhin bezieht man Herz und Leben und Kraft nur auf den Affekt der Liebe selbst: vielleicht aber sind sie auch auf den Inhalt bezogen. Ich kann Gott nicht lieben, ohne mein ganzes Herz, wie es für die Mitmenschen lebt, ohne meine ganze Seele, wie sie in

allen Richtungen des Geistes der Mitwelt zugekehrt ist, ohne
meine ganze Kraft — wie das Wort übersetzt werden mag —
für diesen Gott in seiner Korrelation zum Menschen einzusetzen. Daher soll die Liebe zu Gott alle Erkenntnis übertreffen, sie soll, sie darf und kann sich nicht mit ihm vereinigen, aber sie soll mit seinem Begriffe alle Dinge und
alle Probleme der Welt verknüpfen.

Es bleibt nichts übrig im Bewußtsein des Menschen, wenn
er Gott liebt. Daher heißt diese allen sonstigen Inhalt resor-
bierende Erkenntnis nicht mehr nur Erkenntnis, sondern
Liebe. Und der Anthropomorphismus bildet hier keinen
Anstoß. Denn er wird ja durch die Paradoxie übertroffen,
daß ich den Menschen — lieben soll. Wurm, der ich bin, von
Leidenschaften zerfressen, der Selbstsucht zum Köder hinge-
worfen, soll ich dennoch den Menschen lieben. Wenn ich dies
kann, und sofern ich dies kann, kann ich auch Gott lieben.

100. Oder sollte ich etwa daran Anstoß nehmen, daß Gott
ja kein Mann ist; daß er den Erkenntniswert einer Idee
hat. Sollte ich etwa Ideen nicht lieben können? Was ist denn
aber der Mensch anderes als eine soziale Idee und doch
kann ich ihn nur in dieser und kraft dieser als Individuum
lieben: also, streng genommen, nur diese soziale Idee vom
Menschen lieben. Und was vom Menschen möglich ist, das
sollte von Gott, der nur Idee ist, und den ich gar nicht, wie
immerhin doch den Menschen, in einer empirischen Gestalt
wahrnehmen: den ich nur auf Grund seiner ethischen Idee
denken und lieben kann?

101. Es ist daher auch erklärlich, daß, wie ein Korrektiv,
die Verehrung zur Liebe hinzutritt. Zwar ist die Verehrung
auch vorwiegend praktisch, wie im Gottesdienste, als den
auch die soziale Liebe sich dartut; aber sie soll zugleich doch
auch der Liebe einen Typus der Abstraktion beimischen.
Hiermit würden freilich wieder die Grenzen von Religion und
Ethik zusammenlaufen. Denn die Verehrung ist Achtung, die
dem sittlichen Wesen, mithin auch Gott zukommt. Erst mit
dem Übergang der Achtung in die Liebe entsteht die
Religion. Die Verehrung Gottes darf daher nur die ethische
Vorbedingung zur religiösen Liebe Gottes bedeuten; oder
aber nur die Betätigung der Gottesliebe im Gottesdienste.

Im mythischen Ursprung freilich bedeutet die Verehrung
die Ehrfurcht, der immer noch der Rest der Furcht an-

haftet. Hier würde die Logik als Vorbedingung der Religion sich wieder geltend machen; denn die Furcht bedeutet hier, wie das Staunen, den Anfang der Erkenntnis. Alle Rätsel des Daseins klaffen auf, wenn der Gedanke Gottes mich erschüttert. Es ist nicht richtig, daß ich nur in der Liebe meines Gottes innewerden könnte; ich muß ihn erst in den Schauern der Ehrfurcht erfassen; denn ich muß ihn mit allen Mysterien der Welt und des Lebens zusammendenken, um nur erst sein Problem zu verstehen, geschweige dessen Lösung. Ethik und Religion grenzen hier wiederum hart aneinander. Ohne Ehrfurcht keine Liebe zu Gott. So wird der Affekt der Liebe auch hierdurch eingeschränkt.

102. Erinnern wir uns hier der Affekte der Ehre und der Liebe, durch welche unsre Ethik des reinen Willens die Tugenden ersten und die zweiten Grades zur Unterscheidung gebracht hat. Wie dort die Liebe als der Affekt der relativen Gemeinschaften bestimmt wird, so erweist sie sich hier auch als Grundtrieb für die soziale Gemeinschaft: und aus dieser erst geht das Individuum als solches hervor.

War es mithin ein Versehen der Ethik, den Menschen, als Individuum, schon aus der Allheit der Menschheit gewinnen zu können? Die Menschheit allein wird unter dem Affekt der Ehre erfassbar, und auch der Einzelmensch immer nur als Träger der Menschheit. Erst die Liebe macht aus den relativen Gemeinschaften die Partikularitäten der geschichtlichen Menschheit, mithin die menschlichen Besonderheiten, die doch schon die Abstraktion der Menschheit zu überwinden den Anfang machen. Aber alle Relativität und Partikularität bleibt mit der Abstraktion verhaftet: sie wird erst verscheucht durch den Ausgang der Besonderheit in das Individuum. So entsteht hier in der Religion, in dem Affekt des Mitleids, der sich als der religiöse Affekt der Liebe bewährt, auch erst das Individuum als solches. Die Logik sagt zwar, daß es der Mehrheit angehöre, und die Ethik könnte an sich dieses Urteil nicht verändern. Aber erst die Religion bringt die Korrektur an dieser logischen Abstraktion an, insofern sie den Menschen als Individuum auszeichnet und von allen Vertretern und Beispielen des Begriffs „Individuum" in allen Erkenntnisarten unterscheidet.

Sie macht den Menschen zum Individuum, und daher auch das Individuum zum Menschen. So enthält sich hier gleichsam der Affekt seines zweiten Grades. Und so erklärt es sich, daß in der Verbindung von Liebe und Ehrfurcht der Affekt des zweiten Grades mit dem des ersten Grades sich ausgleicht. Das Relative wird abgestreift, wenn nicht bloß der Mensch absolutes Individuum wird, sondern auch das sonst einzige Individuum, Gott, als Gegenstand der Ehrfurcht und der Liebe erkannt und beglaubigt wird.

So dürfte sich die Terminologie hier gegenüber der in der Ethik des reinen Willens doch wieder rechtfertigen und aufrechthalten. Diese Bezugnahme führt uns weiter zur Erwägung der terminologischen Grundbestimmungen.

IV. Das Verhältnis der Religion zur Ästhetik.

1. Wir kommen zum dritten Punkte, der das Verhältnis zwischen Religion und Ästhetik bestimmen soll. Von jeher ist diese Beziehung tiefsinnig gepflegt worden. Es genügt hierfür, nur an Plotin zu denken. Ihm ist Gott der Urquell des Schönen. Er dürfte aber hierdurch die Selbständigkeit der Ästhetik verhindert haben. Denn wenn Gott ihr Prinzip ist, wie unterscheidet sie sich dann von aller Metaphysik? Die Metaphysik mußte nun selbst erst zur Ausgestaltung ihres Inhalts gediehen sein, wenn die Ästhetik sich aus ihr ausscheiden sollte. Daher wird es wohl verständlich, daß erst Kant, dem Systematiker der Philosophie, es beschieden war als Schlußglied sie in das System der Philosophie einzufügen. Wie wir nun die Religion im System der Philosophie zu bestimmen suchen, wird daher auch ihr Verhältnis zur Ästhetik zu bestimmen sein. Die Beziehungen zwischen Religion und Kunst sind primitive und unerschütterliche. Daher wird auch die systematische Regulierung des Bewußtseins der Ästhetik gegenüber notwendig sein.

2. Freilich ist die Korrelation von Mensch und Gott dem ästhetischen Bewußtsein nicht unmittelbar gegeben. Gott ist ihm nur ein Mittelbegriff, der entweder in die Natur des Menschen einzubeziehen ist, oder in den Menschen der Natur. Denn diese beiden Probleme sind die einzigen Gegenstände der Kunst: der Mensch in der Natur oder die Natur des Menschen. Und Gott kann beiden angehören und er gehört beiden an innerhalb der Kunst. Wenn nun Gott als ein besonderer Gegenstand der bildenden Kunst erscheint, so darf uns das nicht irremachen: er steht nur in der Korrelation zum Menschen. Damit aber entsteht die Gefahr, daß das ästhetische Bewußtsein sich in Religion verwandele.

Und dieselbe Gefahr entsteht auch vom Menschen der Kunst aus. Es bildet sich unmittelbar die Korrelation von Mensch und Gott. Indessen ist sie nur Illusion; alle ästhetische Gegenständlichkeit erschöpft sich im Menschen der Natur oder in der Natur des Menschen.

3. Die Gefahr der Vermischung mit Religion steigert sich. Wir haben das religiöse Bewußtsein der Korrelation als Liebe erkannt. Indessen hat die Ästhetik des reinen Gefühls dieses selbst, dem alten Sprachgebrauche des Eros getreu, als Liebe ausgezeichnet. Damit wären zwei Arten der Liebe statuiert, und entweder wäre dadurch die Selbständigkeit der Religion oder die der Ästhetik oder beider zugleich in Frage gestellt.

Aber wie sollten wir es anfangen, um die Religion in einer Richtung des Bewußtseins auszuzeichnen? Wir hätten dann gar das Gefühl heranziehen müssen, welches der Ästhetik ihre Eigenart gibt. Wir hätten alsdann aber eine Selbständigkeit für die Religion geschaffen, die wir der Ethik gegenüber gar nicht beabsichtigen dürfen, und gewiß erst recht der Ästhetik gegenüber nicht beabsichtigen werden. Wenn aber das reine Gefühl sonach abzulehnen war, was anderes konnte dann übrigbleiben als die Liebe?

4. Wir müssen jetzt auf Unterschiede im ästhetischen und im religiösen Begriffe der Menschenliebe achtsam werden. Die Liebe zu Gott fällt ja ohnehin bei der Kunst hinweg. Wenn wir aber genau prüfen, auf welchen Begriff des Menschen unsere ästhetische Liebe sich bezieht, so lehrt uns schon die ästhetische Analyse des eigentlichen Gegenstands im Kunstwerk, daß dies nicht ein Individuum sein kann, sondern nur ein Typus.

Wie das Individuum als einzelner Gegenstand überhaupt nicht zu denken, geschweige wahrzunehmen ist, so kann es daher vom Denken an sich dem Gefühle nicht überliefert werden. Das Denken faßt den Gegenstand nur als ein Allgemeines; und nur als solcher Typus kann auch der ästhetische Gegenstand ein Inhalt werden, der geliebt und gefühlt wird. Die ästhetische Liebe ist Eros, ist reines schöpferisches, ein Kunstwerk schaffendes, und in diesem Schaffen sich bewährendes Gefühl. Aber dieses schaffende Gefühl der Liebe zur Natur des Menschen ist nicht Liebe, als religiöse Menschenliebe.

Die Religion zwar kann den Einzelmenschen als solchen auch nicht denken, aber ihr spezifisches Vehikel, die

Liebe, erfaßt ihn in dieser absonderlichen Besonderung, die in Individualität sich verwandelt. Damit verliert er nun all sein theoretisches Interesse; er hört auch auf, ein Typus zu sein; in seiner nackten Isoliertheit vollzieht sich an ihm das reine Gefühl, welches dem Gegenstande gegenüber sich. als Liebe betätigt.

Was bedeutet jetzt noch der Mensch der Kunst gegenüber dieser konkreten Individualisierung? Wenn Mephisto sagt: sie ist die erste nicht, so kann die Religion so nicht sprechen: für die es keine zahlenmäßige Unterscheidung der Individuen gibt. So aber spricht die Kunst, die ihre Typen sammelt.

Nun entsteht zwar das terminologische Bedenken, daß wir zwei Arten der Liebe nicht vermeiden. Die reine Liebe der Kunst hat in ihrer Produktivitätskraft ohnehin wenig Ähnlichkeit mit dem leidenschaftlichen Drang, der sich dem Individuum hingibt. Diese Liebe darf auch mit der Geschlechtsliebe nichts gemein haben, wenngleich diese sie mitspeisen mag. Sie ist der göttliche Eros, die reine erzeugende Liebe des Gefühls, die sich dem Menschen selber erst erzeugt, nicht aber ihn sich gegeben sein läßt. Dahingegen liebt die Religion den Menschen an dem Erkennungszeichen seines Leides. Und dieses Leid läßt sie sich nicht wegtilgen, um einen andern Menschen daraus hervorgehen zu lassen. Die Identität der Person, man möchte sagen, es gäbe für sie kein anderes Erkennungszeichen als diese untrügliche Liebe, die nur dadurch scheinbar unklar, vielmehr aber nur um so prägnanter wird, daß mit diesem einzigen Individuum das eigene Selbst im Gefühl des Mitleids, mithin im Mitgefühl identisch wird.

5. Was die Liebe im Sprachgebrauche auszeichnet, die Bedürftigkeit, das ist die Liebe der Religion, während die Kunstliebe kein Hängen an dem Individuum hat, das ihr nur Stoff ist, obwohl an diesem Stoffe des Individuums und an dieser Liebe zu ihm das reine Gefühl selbst erst sich erzeugt. Das Gefühl erzeugt sich und in ihm das reine Selbst; aber das Individuum, der Mensch ist Stoff, nicht Inhalt. Wenn man es sagen dürfte, so liegt viel Vorbereitung zur religiösen Liebe in der Kunst; vielleicht ist in der Tat das ästhetische Bewußtsein ein unentbehrliches Mittelglied für die Entwicklung der religiösen Menschenliebe; aber beide sind nicht dasselbe.

6. Die religiöse Liebe entzündet sich am Leide des Menschen; der künstlerische Problemstoff ist viel reicher und viel individueller. Die Religion faßt das Leiden an der Armut; die Kunst dagegen an der Häßlichkeit. Und sie entblödet sich nicht, dem Individuum gegenüber Gott auch dafür verantwortlich zu machen.

Was tut nun aber die Kunst, um uns mit der Häßlichkeit des Mitmenschen auszusöhnen? Sie übergibt ihn keineswegs unserem Mitleid, sondern sie entzieht ihn diesem kläglichen Beistand. Dafür aber verleiht sie ihm einen Reiz, der ihren Abstich von der Schönheit illusorisch macht. Es ergibt sich hieraus aber, daß die Kunst das Leiden als solches nicht anerkennt, sondern ihm Vorzüge verleiht und ästhetische Ebenbürtigkeit.

7. Auch die eigentliche Kunst des Leidens, die Tragödie, läßt den Menschen nicht im Leiden enden, sondern sie verklärt seinen Tod mit der Glorie des Heroentums. So wird der leidende Mensch ein aufsteigender Gott, und auf diesem Aufstieg beruht alle Kraft der Tragödie, alle Würde des tragischen Helden. Seine Schuld selbst wird durch dieses Leiden gesühnt, daß sie ihn über das Menschenmaß hinaushebt. Also auch in der Tragödie bleibt der Mensch nicht ein menschliches Individuum, das ich an seinem Leiden mit meinem Mitleid erfassen könnte, sondern er wird ein anderes Wesen; er hört auf, ein Mensch zu sein; so scheint es wenigstens. In der Religion dagegen würde dieser Schein die Eigenart zerstören.

8. So haben wir denn den Doppelsinn der Liebe nicht gescheut, weil klar genug der Unterschied zwischen diesen beiden Arten einleuchtet. Aber den Terminus des Gefühls auch zweideutig zu machen, das müssen wir vermeiden. Denn für das ästhetische Bewußtsein ist die Liebe nur eine psychologische Deutung, während das Gefühl in seiner erzeugenden Reinheit das systematische Mittel ist. Die Richtung des Bewußtseins geht scheinbar auf das Kunstwerk, von diesem aber zurück in das Selbst, das in dieser ästhetischen Schöpfung selbst erst entsteht. Hier hat das Gefühl alle Kraft der Aktivität. In der Religion dagegen würde man schon zur Mystik greifen müssen, wenn man dem Gefühle eine ähnliche Kraft zusprechen wollte. Und die Eroberung des Individuums rechtfertigt auch noch nicht diese Gleichstellung mit der ästhetischen Ursprünglichkeit des Gefühls. Das Individuum wird

gewonnen, dem eigenen Ich n e b e n g e o r d n e t, beide aber so-
gleich a u f G o t t gerichtet, von dem diese Erleuchtung aus-
strahlte. Das eigene Selbst wird dadurch nicht aufgebaut; es
könnte ja niemals, abgesehen von der Korrelation mit Gott,
derjenigen mit dem Mitmenschen entbehren. Und ohne diesen
Aufbau des Selbst kann das Gefühl dem ästhetischen Gefühle
nicht vergleichbar sein.

9. Man hat nun aber freilich andere Schwünge des Bewußtseins angenommen, kraft welcher das religiöse Bewußtsein, wie
es die Kette von Gott und Mensch herstellt, einen Umfang an-
nehme, der es dem ästhetischen Gefühle vergleichbar mache.
In der Tat ist ja jedes Kunstwerk ein u n e n d l i c h e s; es strahlen, wie W i l h e l m v o n H u m b o l d t sagt, von jedem ins Unendliche die Beziehungen aus. Dieses Unendliche, gegenüber allem
Endlichen der Wissenschaft und der Sittlichkeit, wird als die
Grenze, als der V e r e i n i g u n g s p u n k t v o n R e l i g i o n und
K u n s t gedacht, und daher glaubt man entweder auch, oder
gar ausschließlich für die Religion das Gefühl in Anspruch
nehmen zu dürfen. Wird doch so auch das S e l b s t gewahrt
für die Religion, das in der Korrelation mit Gott niemals aufgeht, sondern vielmehr durch sie nur gesteigert wird.

Dem U n e n d l i c h e n i n d e r K u n s t könnte in der Religion
die Korrelation selbst entsprechen, in ihrer Unbegrenztheit und
Unerschöpflichkeit.

Indessen könnte auch diese Unendlichkeit noch immer nicht
die Annahme des Gefühls rechtfertigen. Denn sie bleibt zwar
Unendlichkeit, obschon sie sich auf das Selbst von allen Herr-
lichkeiten aus zurückzieht. Aber sie muß ja immer G e g e n -
s t a n d werden und Gegenstand bleiben im K u n s t w e r k und
für das Selbst. Die Unendlichkeit könnte der ästhetischen
Prägnanz nur schädlich werden, wenn sie die G e g e n s t ä n d -
l i c h k e i t berückt und verschleiert. In der Religion dagegen
steht ja gar nicht eine Unendlichkeit in Frage, insofern die von
Gott bezogen wird auf den Menschen, und die vom Menschen
auf Gott. Es ist ja nur der herkömmliche Schein der M y s t i k,
der in diese grundklare K o r r e l a t i o n eine Unendlichkeit
hineinspielen läßt, und daher von der Grundkraft der Menschenliebe die Beziehung ablenkt.

Nicht die Liebe zu Gott ist das Ursprüngliche des religiösen Bewußtseins, sondern die Liebe zum leidenden Menschen;
und die Liebe zu Gott tritt erst ein unter mehrfachen Deu-
tungen, wenn Gott als der Schutz der Leidenden erkannt wird.

So unterscheiden sich am Amte Gottes für den leidenden Menschen R e l i g i o n u n d M y s t i k. Also auch die angebliche Unendlichkeit des Bewußtseins macht die Religion nicht dem Gefühle zugänglich.

10. Dagegen erheben sich schwere B e d e n k e n gegen diesen Doppelsinn. Das eine konnte schon bei der Mystik mit beachtet werden. Die systematische Kraft der Religion wird nicht erhöht, wenn man sie von der E r k e n n t n i s und vom reinen W i l l e n abtrennt und auf das ästhetische Gefühl isoliert; schon die Reduktion auf das primitiv Sensuelle ist vom Übel.

11. Beachten wir zunächst noch die Unterschiede vom ä s t h e t i s c h e n Bewußtsein. So sehr wir die Liebe zur Natur des Menschen als die ästhetische Grundkraft erkennen, so müssen wir doch den religiösen Begriff des Menschen und die religiöse Liebe zum M e n s c h e n durchaus unterscheiden von der ästhetischen Menschenliebe. — Für diese muß immer auf die Natur des Menschen und auf den Menschen der Natur Bedacht genommen werden. Nicht auf den Menschen an sich, sondern auf die Natur des Menschen und demzufolge auch auf den Menschen der Natur geht die ästhetische Liebe.

Auch auf die N a t u r muß man in der Bedeutung achten, daß sie Leib und Seele vereinigt. Bei der ästhetischen Liebe aber darf man wohl ohne Übertreibung sagen, daß vorzüglich im Leibe die Natur des Menschen zur Erscheinung gebracht wird: daß der Leib die Seele in sich aufzunehmen hat. Dagegen kann man von der religiösen Liebe vielleicht ebenso ohne Übertreibung sagen, daß sie nur auf die Seele des Menschen gerichtet ist, zumal sie ja vorzugsweise vom Leide des Menschen ergriffen wird: das Leid aber ist im letzten Grunde nur Seelenleid. So tritt in der religiösen Liebe die Natur des Menschen in seiner Leiblichkeit zurück gegen die Seele und den Geist, in welchen allein der religiöse Menschenbegriff in Vollzug treten kann.

Denn der leitende Gedanke muß ja immer der sein, daß der Mensch allein in der Religion überhaupt nicht der Inhalt des Bewußtseins ist, sondern nur in Korrelation mit Gott. Der Mensch und Gott, Gott und der Mensch, in dieser Doppelfügung vollzieht sich das religiöse Bewußtsein. Und wenn wir nun sehen, daß der Mensch einen andern Gegenstand bildet im ästhetischen, einen andern im religiösen Bewußtsein, so ist dies ebenso auch von Gott zu erkennen.

G o t t ist zwar überhaupt nicht ein direkter Gegenstand des ästhetischen Bewußtseins, aber wir haben soeben in dem

Begriffe der Unendlichkeit seine Aufnahme in das Kunstgefühl erwogen. Es ist eine Illusion, die Unendlichkeit, die sich
immer an einem Kunstwerke vollziehen und gleichsam erschöpfen muß, mit derjenigen Unendlichkeit zu verwechseln, welche
für die religiöse Korrelation des Menschen mit der Idee Gottes
sich bildet. Es ist nur eine Subreption des religiösen Bewußtseins, welche Gott in das Kunstgefühl hineinspielen läßt. Es
ist vielmehr in aller Kunst immer nur der Mensch, der den
Gott darstellt, und der Dichter redet nur in der Sprache der
Religion, wenn er über dem Sternenzelt den lieben Vater woh-
nen läßt. Er verrät sich auch dabei in seiner ihm allein ge-
mäßen Menschenliebe, indem er die Brüder dabei anruft. So
formiert sich die Korrelation von Mensch und Gott. Und diese
Anleihe bei der Religion bleibt ohne Schaden, weil sie im
Grunde nur die Vorbedingung auswertet, welche das sittliche
Bewußtsein für das ästhetische bildet.

12. Wenn sonach diese Entlehnung ungefährlich bleibt für
die reine Kunstschöpfung, so muß andererseits das religiöse
Bewußtsein in seiner Reinheit gehütet werden gegenüber den
Mischungen und Trübungen, denen es bei der Ausgleichung
mit dem ästhetischen Bewußtsein ausgesetzt ist. .

Die Kunst hat Souveränität und daher auch Indifferenz
gegenüber dem Leide des Menschen. Sie betrachtet dies als
zu seiner Natur gehörig, zu der seiner Seele, und zumal zu der
seines Leibes. Und wie die Kunst von keiner Häßlichkeit ab-
geschreckt, vielmehr zur höchsten Idealisierung angereizt wird,
so hat sie auch kein Mitleid, sondern dieses wird schöpferische
Kraft. Vor dieser souveränen Selbstverwandlung muß jedoch
das religiöse Gefühl geschützt werden; es würde sonst die ihm
eigene Aktivität einbüßen, und seine Tätigkeit schaffende, Hei-
lung und Befreiung vom Leid erstrebende Liebesarbeit würde
in mystischen Quietismus versinken. Diese religiöse Liebe will
bessern, mildern, was der Mensch leiden muß, während die
ästhetische Liebe im Menschenleide die Glorie des Menschentums erblickt.

Es sind ganz gegensätzliche Richtungen des Bewußtseins,
die hier in Vergleichung gebracht und sogar identifiziert werden
sollen. Bis zum Widerspruch in den Richtungen des Bewußtseins prägt sich dieser ihr Gegensatz aus. Und doch ist es nur
die Konsequenz von dem Begriffe des Individuums, die sich
hier durchführt. Das Individuum ist nicht der Menschentypus,
der das Auge des Künstlers anzieht. Das Individuum ist aber

auch nicht das Symbol der Menschheit, die den ethischen Begriff des Menschen bildet. Das Individuum ist weder ein logischer, noch ein ethischer Begriff in dem engeren religiösen Sinne; es gehört daher nicht der Mehrheit an, und auch nicht der Allheit, sondern es entsteht, es entspringt in der Korrelation zu Gott. Der religiöse Mensch ist schlechthin Individuum. Und diese absolute Individualität wird ihm von der Korrelation mit Gott verliehen. Durch Gott wird der Mensch ein absolutes Individuum. Jetzt steht er nicht mehr nur für die Menschheit ein, geschweige, daß er nur der Herde eingefügt wäre: er steht jetzt in der ganzen großen Welt allein für sich selbst da, auf eigenen Füßen, weil sein Scheitel an die Gottheit heranreicht; weil, genau gedacht, sein Begriff verknüpft ist mit dem Begriffe Gottes. Diese Individualität aber erst macht den Menschen wahrhaft zum Menschen, nicht nur zur Abstraktion eines Menschenbegriffs.

13. Vergessen wir nur nicht, daß die ästhetische Liebe bei aller ihrer Schöpferkraft dennoch für den Menschen selbst nur eben Phantasie ist, Zauberei des Eros, der es eben nur um den Zauber selbst zu tun ist, nur um den Rausch, um die Verzückung, um die Illusion, in welcher ja das Leben und Schaffen der Kunst besteht und vergeht. So ist alle ästhetische Liebe im Grunde nur Vorspiegelung, nur Abstraktion, nur ein Spiel mit Ideen, die sich in Herzensglut entzünden. Die religiöse Liebe aber hat einen Ernst, der über dieses erhabene Spiel selbst erhaben ist.

Daher ist das Kunstgefühl keineswegs Leid, sondern was man auch dagegen besorgen mag, höchste und reinste Lust, das ganze Lebensgefühl absorbierende Freudigkeit. Gegen diesen Jubel des ästhetischen Gefühls muß das religiöse demütig verstummen. Aber seine Stummheit gerade, wenn sie der Kunst gegenüber eintritt, entfesselt die höchste Beredsamkeit der religiösen Sprachkraft. Alles Entsetzen des Mitleids wird alsdann das Zeugnis der religiösen Ergriffenheit und der religiösen Schaffenskraft. Dann wird Gott gleichsam lebendig, wenn der Mensch in der Unermeßlichkeit seines Leidens zum eigentlichen Gegenstande des religiösen Menschen dargestellt wird. Und alle Kunst mit ihren Schönheiten muß sich jetzt in den Dienst dieser religiösen Erhabenheit stellen, wenn anders ihr ein Eigenwert noch zuerkannt bleiben soll.

14. In diesem Übertreffen, dieser Entwertung aller Kunst besteht die Erhabenheit der christlichen Religion. Das

Leiden des Menschen ist ihr Gegenstand, und dieses Gegenstandes wegen ist sie Religion. Dagegen bildet es keinen Einspruch, daß die Kunst vom Kultus des Christentums in Anwendung gezogen wurde, wie daß der religiöse Grundgedanke selbst, als der Grundgedanke der Tragödie, der Kunst entlehnt scheint. Indessen erweist sich darin der Unterschied, daß die Tragödie ihren leidenden Helden gerade nicht als Individuum denkt, sondern vielmehr als den Sproß seiner Ahnen. Christus dagegen wird deshalb als Individuum gedacht, und man besteht auf dem Gedanken, daß er durchaus nur als ein solches einziges Individuum gedacht werden müsse: weil er in seinem Leide, als Individuum, den Menschen darstellen soll; den Menschen, dessen Individualität mit Gott allein verknüpft ist. Das ist der tiefste Sinn der christlichen Mythologie, der sie in Religion verwandelt.

15. Wer wüßte nicht, daß zu jener Zeit viele Männer in Judäa mit ähnlichen Ansprüchen und Lehren aufgetreten sind, wie sie von Jesus überliefert wurden. Aber die lebendige Religion, welche von ihren historischen Ursprüngen mit Recht sich freimachen muß, besteht auf dem Gedanken der Einzigkeit Christi, weil die Individualität der Menschenseele nur durch diesen einzigen Christus, nur durch Christus, als den Einzigen, in diesem Zusammenhange der Glaubenslehre gelehrt werden kann. Er wird als der einzige Mensch gedacht, der die Korrelation mit Gott erschlossen hat. Sein Leiden bezeugt das Leiden des Menschen, des Menschen, nicht des Juden oder des Samariters; des Menschen, als der einsamen, isolierten Menschenseele, die nicht sowohl für das Sittengesetz der erhabenen Menschheit einzustehen hat, als vielmehr den Menschenbegriff lebendig und konkret zu machen hat in seinem unermeßlichen, unerschöpflichen Leide, das nur jenseits seiner lebendigen Individualität Befreiung und Erlösung finden kann.

16. Indessen können wir hier lebendige Religiosität von der historischen Tradition der Religion unterscheiden. In neuerer Zeit sind Stimmungen innerhalb des Protestantismus aufgetaucht, die sonst nur in Perioden katholischer Romantik lautbar wurden. Man hat gesagt: möge das Dogma immerhin Poesie sein, so werde dadurch sein Wahrheitsgehalt nicht beeinträchtigt. Das ist eine falsche Konsequenz theoretischer Verzweiflung. Diese Konsequenz kann nur gezogen werden bei vollständiger Gleichgültigkeit gegen die methodischen Unterschiede unter den Gliedern des Systems der Philosophie, so

daß Religion auch Kunst sein dürfte. Der logische Sinn für die Wahrheit ist dabei vollständig untergegangen. So ist es denn auch möglich geworden, der Religion eine eigene Gewißheit überhaupt abzusprechen. Wenn sie aber keine eigene hat, wie könnte sie dann eine andere annehmen und zu ihrer eigenen machen? Man muß dann auf die offenbare Zweideutigkeit verfallen, die in der „auf praktische Unentbehrlichkeit und auf inneres Verpflichtungsgefühl begründeten Gewißheit" von Tröltsch behauptet wird. Diese Begründung läßt aber nur eines nicht im unklaren: daß die theoretische Unentbehrlichkeit aufgegeben wird. Welcher Art dabei aber die Verpflichtung sein kann, die auf ein inneres Verpflichtungsgefühl begründet wird, das bleibt im finsteren Dunkel. Und hier wieder erweist sich das Gefühl in seiner Gefährlichkeit: in seiner Verdunkelung der methodischen Bestimmtheit und der Grenzen, an denen die Religion mit den anderen Richtungen des Bewußtseins, und so als Gefühl, vornehmlich mit dem Kunstgefühl vergleichbar wird. Die systematische Begrenzung hat ebenso neuerdings, wie schon von alters her, in dem Gefühl den schwierigsten und gefährlichsten Grenznachbar des religiösen Bewußtseins zu bewachen.

Wir haben das religiöse Gefühl als Mitleid erkannt: als Entdeckung des Menschen im Leiden, als Entdeckung des Individuums am leidenden Menschen, und als Entdeckung seiner Korrelation mit Gott, die gleichsam durch dieses Leiden und Mitleiden gefügt wird. Darin besteht die schöpferische Aktivität dieses religiösen Gefühls, dieses Mitleids mit der Menschenseele. Wie anders dagegen ergeht sich die schöpferische Aktivität der ästhetischen Liebe zur Menschennatur. Schon aus diesem Gesichtspunkte werden die beiden Arten des Gefühls unvergleichbar, und keine Unendlichkeit kann sie vergleichbar machen. Wie ist überhaupt die Analogie der Religion mit dem Gefühle entstanden? Es ist bekannt, daß Schleiermacher ihr Urheber ist. Und es darf nicht bezweifelt werden, daß er durch die Hineinziehung der Religion in das Bewußtsein einen Fortschritt über Kant vollzogen hat. Denn der Wert von Kants Charakteristik der Religion besteht in der Ethiko-Theologie, mit der jedoch die Gefahr verbunden ist, daß die Religion in Ethik aufgeht und ihre Eigenart verliert. Der Unterschied zwischen beiden wird von Kant nur dahin bestimmt, daß die Religion die Sittlichkeit zum Inhalt habe, aber als Gebot Gottes. Dadurch aber entsteht die Gefahr der Auf-

hebung der Autonomie, die für die Religion doch ebenso
gelten müßte, wie für die Ethik.

17. Indem nun Schleiermacher in das Bewußtsein des Menschen die Religion einhob, brachte er sie in die Koordination
zu Erkenntnis und Philosophie. Da aber Philosophie bei
ihm im Grunde Metaphysik ist, so wird seine Religion im
letzten Grunde Pantheismus. Gott ist ihm nicht „ein einzelner Gegenstand". Die Hingabe an Gott bedeutet ihm die
Hingabe an das Universum. In der Welt findet er Gott und
den Menschen, wenngleich die Menschheit vorwaltet, als die
Fundstätte des Universums gilt.

Dieser Pantheismus hat freilich zwei Seiten. Nach der
einen ist der Mensch, als Individuum, ebenso „das Kompendium
der Menschheit", wie er der Grund der Welt ist. Und das
Gefühl wird von dieser Seite aus gedacht als ein „unmittel-
bares Bewußtsein", und als „der Inbegriff aller höheren
Gefühle". Das Gefühl ist das pantheistische Organ schlechthin
der Erkenntnis. Und die Vorstellung von Gott als einem einzelnen Wesen außer der Welt wird in diesem Sinne als „die
gewöhnliche Vorstellung" bezeichnet. Aber der Pantheismus
verstrickt sich in Widerspruch, wenn er auf das Gefühl anstatt
auf die Erkenntnis sich gründet. Die Unmittelbarkeit des Gefühls ist ein zweideutiger Vorzug.

18. So erklärt es sich, daß bei Schleiermacher in seiner
Glaubenslehre das Gefühl zu dem einer absoluten Abhängigkeit verwandelt wird. Und schon in den „Reden
über die Religion" deuten sichere Zeichen auf diese Abhängigkeit hin, insofern dort schon die Religion bestimmt wird
als „die Sehnsucht nach Liebe". Nicht Liebe an sich ist
Religion, weder die zum Universum, noch die zum Menschen,
die ja doch nur Selbstliebe wäre, sondern die Sehnsucht nur
nach Liebe ist Religion, das Verlangen nach Liebe, das
die Bedürftigkeit des Menschen bekundet, und vollends seiner
Identität mit dem Universum widerspricht. Diese Abhängigkeit
vom Universum, die sich in der Sehnsucht nach Liebe verrät,
mag für die Religion einen Teil von Richtigkeit haben. Aber
der Bedeutung des Gefühls wird diese Sehnsucht nach Sehnsucht, diese Liebe zur Liebe durchaus nicht gerecht. In diesem
Ausdruck läßt sich nur die Unbestimmtheit dieser Art des
Bewußtseins erkennen, die keinen anderen objektiven Inhalt hat
als nur sich selbst, ihre eigene Tätigkeit, ihr eigenes subjektives
Verhalten. Die ganze objektive Unbestimmtheit des Pantheis-

mus gibt sich hier kund, und nicht minder auch die Begriffs-
losigkeit der Romantik, die sich aller Erkenntnis und alles
objektiven Inhalts derselben begibt.

Dabei geht ebenso der Mensch, wie vorher Gott, der
Religion verloren, und kein Pantheismus kann diesen Verlust
ersetzen. Die Sehnsucht nach Liebe muß sich auf den Menschen richten, allein auf den Menschen abzielen; sie darf sich
nicht befriedigen in dem Sicheinsfühlen mit der Natur.

19. Schon dieser Doppelsinn im Gefühle, ebenso die
Abhängigkeit zu bedeuten, wie die Deckung mit dem
Universum, zeigt die Unangemessenheit des Gefühls für das
Bewußtsein der Religion. Sofern das Gefühl eigenen Inhalt
erzeugt, ist es reines Gefühl, und dieses ist allein und ausschließlich das ästhetische Gefühl, das zwar auch ein Universum erschafft, dieses aber genau und bestimmt in dem Kunstwerke objektiviert. Eine solche Schöpfung, die sich auf das
Gebild des Menschen beschränken würde, kann es für das religiöse Gefühl nicht geben. Denn in ihm steht der Mensch niemals für sich allein, sondern immer im Bunde mit Gott.

20. Es ist nicht nur ein Überbleibsel der Mythologie, daß
der wahre Gott einen Bund schließt mit Abraham, und
schon mit Noah für die Erhaltung der Natur: Gott entsteht, er erzeugt sich in diesem Bunde mit dem Menschen; sein
Ursprung ist der Bund mit dem Menschen. Dieser
Bund ist das Kunstwerk Gottes, aber nicht das Kunstwerk des
Menschen. In der Kunst dagegen erzeugt der Mensch selbst
kraft seines reinen Gefühls sein Kunstwerk. Und dieses ist
daher ebenso das Zeugnis, wie das Erzeugnis seines Gefühls.
Hier dagegen spaltet sich die Einheit des Gegenstandes in die
Korrelation, in den Bund zwischen Gott und Mensch. Keiner
von beiden kann für sich allein stehend gedacht werden.
Wenn ich Gott denke, muß ich zugleich den Menschen denken, und ich kann den Menschen nicht denken, ohne zugleich
Gott zu denken. Aber ich kann beide nicht nebeneinander
denken, so daß ich in dieser Konfiguration etwa eine Art von
Kunstwerk erschaffen könnte, sondern beide Begriffe sind In-
begriffe, mithin echte logische Abstraktionen, deren Gedanken-
wert durch keine Gefühlsart erzeugbar wird.

21. Nun kann man aber gegen diese ganze Argumentation
ein wichtiges Moment einwenden. Man kann nämlich für den
Gefühlscharakter der Religion sich auf die Ergriffenheit berufen, von der das Gemüt erfüllt wird bei dem religiösen Ge-

danken an Gott und seine Menschenwelt, bei dem religiösen Gedanken an die arme Menschenseele und ihre Erlösung durch Gott. Man kann für die Analogie mit dem ästhetischen Bewußtsein sich auf die Rührung berufen, die das Gemüt hier, wie dort, ergreift. Und dieser Einwand wird nicht dadurch beseitigt, daß man die Rührung als einen passiven Affekt von der Aktivität des ästhetischen Gefühls unterscheidet. Denn bei aller Passivität entladet sich doch eine gewaltige Macht in dieser Rührung des religiösen Momentes.

22. Indessen spricht hiergegen ein anderer Gedanke. Die Analogie der Rührung würde nicht in erster Linie die der Religion mit der.Kunst betreffen, sondern die der Sittlichkeit mit ihr. Von der Sittlichkeit aber wissen wir, daß sie eine Vorbedingung der künstlerischen Schöpfung ist, eine Vorstufe des ästhetischen Gefühls. Die Rührung also ist nicht für die Religion zu registrieren, geschweige als das religiöse Gefühl zu bestimmen; denn sie muß schon vorher als sittliche Vorbedingung der Kunst anerkannt und gebucht sein. Und es handelt sich bei ihrer Würdigung lediglich um eine Abrechnung zwischen der stofflichen Voraussetzung der Sittlichkeit und dem Inhaltsergebnis des ästhetischen Gefühls. Dem ästhetischen Gefühl wird seine Eigenheit und seine Würde genommen, wenn man die Rührung auch auf das religiöse Bewußtsein überträgt und gleichsam verteilt, während sie diesem ja auch nur erst indirekt zukommt, da sie ihm durch die sittliche Tätigkeit zuerteilt werden muß.

Wie steht es doch nun aber mit der psychologischen Tatsache der religiösen Ergriffenheit, die wir als Rührung empfinden und erkennen? Ist sie nicht eben unwiderleglich ein Gefühl? Und schafft sie nicht einen eigenartigen Inhalt? Alle methodischen Grenzen unserer philosophischen Systematik werden durch diese Frage in Frage gestellt.

Denn nicht allein die Grenzen der Ästhetik, sondern auch die der Ethik werden durch diese Frage verschoben. Und dennoch ist die Frage unabwendlich. Denn die Ergriffenheit des religiösen Bewußtseins ist eine psychologische Tatsache, die nach einer systematischen Deutung verlangt.

23. Bedenken wir, daß weder Gott allein, noch Mensch allein, der eigene Inhalt des religiösen Bewußtseins ist, sondern vielmehr der Mensch in Korrelation mit Gott, das ist als Individuum. Und diese Erkenntnis — wenn man die hier entstehende Bewußtseinsart nach Analogie so nennen darf — wird am Menschen, als Individuum, gewonnen, nicht in seiner Glorie, insofern ihn Gott mit Ehre und Pracht umgeben hat und nur wenig von der Gottheit ihm mangeln ließ, sondern die Dornenkrone ist sein Strahlenkranz, durch den er als der Mensch der Religion zur Entdeckung kommt. Das Leiden des Menschen ist der Charakter des Individuums.

Und aus dem Leiden entsteht das Mitleid. Der Mensch hätte das Mitleid nicht, wenn ihm nicht das Leiden des Individuums aufginge; wie er es denn auch in sich ertötet, sofern er über das Leiden des Menschen hinwegsieht. So ist das Mitleid die Eigenart des religiösen Bewußtseins, die dem Gefühle verwandt ist, aber doch unvergleichbar mit ihm, und zwar nach beiden Seiten.

24. Das ästhetische Gefühl hat eine eigene Schöpferkraft. Und das religiöse Mitleid entbehrt aller Bildlichkeit und verzichtet auf sie: sein Gebild dagegen ist das lebendige Wesen der menschlichen Seele, der Mensch, nicht als ein Typus, nicht als ein Begriff, weder der Mehrheit, noch der Allheit, sondern eben das Individuum, das keine Zuordnung, sondern lediglich Korrelation mit dem anderen Begriffe, mit dem Gottes hat.

25. Dieses Mitleid hat den Charakter einer Unendlichkeit. Es ist Menschenkraft, Urkraft des Menschenwesens. Es kann sich niemals erschöpfen, und es kann niemals befriedigt werden. Es ist unendliche Kraft, daher unendliches Verlangen. Mit dem Mitleid entsteht der Mensch, erhebt der Mensch sich über die Not des Leides, wie über das Niveau, in dem nur der Schmerz herrscht. Das Leiden ist der Schmerz der Seele, der daher das Mitleid zum Gefolge hat. Schon animalisch verrät es sich, daß die Menschenkraft abstirbt, wenn das Mitleid sich abstumpft. Alle Rührung hat ihre Schwungkraft in dieser Wurzelkraft des Menschen, auf der die Individualität des Menschen in seinem Selbstgefühle beruht, wie in diesem seinem Mitleid am Leiden der Mensch überhaupt, der Mensch als Individuum, der Mensch als Kind Gottes erkennbar wird.

26. So führt das Mitleid mit dem Menschen zu dem anderen Gliede der Korrelation, zu Gott. Denn was Mitleid ist dem Menschen gegenüber, dieselbe Leidenschaft zu Gott nennen wir mit einem anderen Ausdrucke, der der ästhetischen Analogie angehört, mit dem Terminus der Lyrik: Sehnsucht. Das Mitleid mit dem Menschen ist andererseits die Sehnsucht nach

Gott. In dieser Urkraft der Religion sind die Psalmendichter ihre Schöpfer. Und wiederum ist es das Individuum, das ebenso in der Sehnsucht sich erzeugt, wie im Mitleid. Und wiederum ist es die Liebe, die auch hier die Analogie mit dem ästhetischen Gefühle begründet. Aber während die Menschenliebe sich im Mitleide bestimmt hat, ist die Liebe zu Gott, als Sehnsucht, als Verlangen der Seele, als Bedürftigkeit des Individuums, die durch Gott allein befriedigt wird, religiös bestimmt, und von der Lyrik und ihrem Bekenntnis der Liebe unterschieden.

27. Denn diese Sehnsucht entspringt nicht aus dem Mitleide des Liebenden mit sich selbst, der die Gegenliebe sucht, sondern umgekehrt ist sie gleichsam die Antwort auf das Mitleid, welches von der Gegenseele erweckt wird, und welches nunmehr in der eigenen Seele widerstrahlt in der Richtung auf Gott. Ohne das Mitleid entsteht der Strahl auf Gott hin nicht. Die Sehnsucht nach Gott ist erst die Antwort auf das Mitleid; ist das Zeugnis von ihm.

28. Man kann fragen, wie es zu erklären sei, daß die sonst vorherrschende Liebe zu Gott in den Psalmen besonders durch die Sehnsucht nach Gott ergänzt wurde. Und diese Sehnsucht ist ja nicht etwa allein die Sehnsucht nach Gottes Schutz und Beistand. Sie sucht Gott nicht nur zur Errettung von den Feinden, zur Erlösung von dem Rat und der Gemeinschaft der Bösen, zur Herstellung der Gerechtigkeit und des Friedens, und vorzugsweise zur Vertilgung der Bösen und Befreiung der Guten und der Frommen. Diese Sehnsucht nach Herstellung sittlicher und politischer Besserungen richtet sich vielmehr als Hoffnung und Zuversicht auf Gott; die eigentliche Sehnsucht aber geht von der Seele des Individuums aus, von der Not ihrer Sünde und ihrer Schwachheit, und sie wird auf das Individuum, auf das Selbst der Seele auch wieder zurückgeleitet, so daß die Seele nicht verschmachtet in ihrem Durste, nicht vergeht unter dem Brennen der Eingeweide, sondern errettet und erlöst wird von den Banden und Schlingen der Angst vor Verderben und Vernichtung, von der Furcht vor der göttlichen Strafe und Vergeltung.

Worin unterscheidet sich also nun diese Sehnsucht nach dem Schutze der Seele von der sonst allgemein geforderten Liebe zu Gott? Kann die Sehnsucht auf Erlösung von der Macht der Sünde den einzigen Gott inniger suchen, als die Liebe dieses Verhalten ausdrückt?

29. Wir stehen hier an dem eigentlichen Grenzpunkte zwischen der Religion und dem ästhetischen Bewußtsein. Und es könnte hiernach scheinen, als ob dennoch mehr Identität zwischen beiden obwalte, als wir hier zugestehen möchten. Warum mußte der Psalmendichter schlechthin zum Lyriker werden, und zwar zum Vorbild des Lyrikers, so daß nach seinem Muster erst die echte Lyrik, in ihrer Vollendung als die deutsche Lyrik Goethes entstehen konnte? Welche Geheimkraft der Religion hat sich hier mit den tiefsten Tiefen der Poesie verbunden, um diese mit ihren eigenen Quellen zu befruchten, und hinwiederum aus dem Schacht der Poesie die Kraft der Religion zu vertiefen und ihre Schwingen zu beflügeln? Es ist keine Frage, daß hier eine innerlichste Verbindung zwischen Religion und Kunst im Werke ist: worauf beruht sie? Wie ist diese Verbindung in dem Sinne zu verstehen, daß die Eigenart der Religion durch sie nicht beschränkt wird?

30. Man versteht die eigentümliche Kraft der Psalmen nicht, wenn man die Sehnsucht nach Gott nicht als ihren eigenen Kraftmesser, sondern nur als ein entliehenes Gut ansieht. Um es paradox auszudrücken, würde ich sagen: die Propheten haben noch gar nicht eigentlich Religion geschaffen, sondern nur Sittlichkeit. So sehr ist ihr Gott der Gott der Gerechtigkeit, der zwar auch der Gott der Liebe ist, aber das letztere nur, weil er Recht und Gerechtigkeit liebt. Die Religion der Propheten ist daher noch immer nur die Religion der Sittlichkeit. Erst mit den Psalmen verwandelt sich die Sittlichkeit in Religion. Mit den Psalmen erst offenbart sich das menschliche Individuum in seiner Korrelation, in seiner Sehnsucht zu Gott. Die ethische Einsicht des prophetischen Sozialismus geht nunmehr erst als Religion auf. Jetzt enthüllen sich die Armen, die Leidenden als die Frommen. Jetzt und dadurch erst erweckt das Mitleid die Erkenntnis vom Individuum; dadurch aber entsteht erst die Korrelation zwischen Mensch und Gott, in der wir das Grundverhältnis der Religion erkennen.

31. Wenn nun also die Frage auf den Ursprung der Sehnsucht ging, so erkennen wir jetzt, daß dieser keineswegs der sittliche, sondern daß er schlechthin der religiöse ist. Ohne die Sehnsucht würde die Korrelation zwischen Mensch und Gott nicht zu ihrer Vollendung, nicht zu ihrer lebendigen und wahrhaften Durchführung kommen. Man könnte die obige Para-

doxie noch weiter führen: die Propheten haben im Grunde
noch gar nicht das Verhältnis zwischen Mensch und Gott zur
Ausführung gebracht: sie bleiben ihrem Hauptgedanken nach
stehen bei dem Verhältnis zwischen Mensch und Mensch.
Der Einzige Gott bildet nur den allgemeinen Hintergrund alles
ihres Denkens, und so bewährt er sich auch in der konsequen-
ten Durchführung dieses Verhältnisses zwischen den Menschen
als Völkern, mithin in der messianischen Leistung und höchsten Offenbarung Gottes. Das ist aber wiederum nichts anderes als bloße Ethik und Philosophie der Geschichte.

32. Religion ist die Geschichte des Individuums. Und der
Gott des Individuums ist der Gott der Religion. Der Affekt,
mit dem die Propheten das Zeitalter des Messias predigen, ist
die Hoffnung und die Zuversicht (Thikwa), die zwar auch
Grundformen des religiösen Glaubens und Vertrauens sind, die
jedoch das allgemein menschliche Bewußtsein in seinem
Gipfelpunkte bezeichnen. Auf den Messias geht die Hoffnung
des Menschen; und sie wäre nur sittlicher Affekt, wenn nicht
Gott der Zielpunkt dieser Hoffnung, die Bürgschaft ihrer
Erfüllung wäre.

Wenn dagegen der Psalmist der messianischen Idee
sich hingibt und die Sehnsucht seiner Seele auf sie hinlenkt,
dann ist es nicht sowohl die Erfüllung der Zeiten, die er her-
beiwünscht, das Ende der Kriege, der Friede auf Erden,
unter den Völkern und unter den Menschen, sondern seine
eigene Seele ist es, deren Ängste und Nöte er ausbreitet vor
seinem Gotte. Himmel und Erde sind für ihn wie nicht vorhanden; er politisiert nicht in dieser seiner Sehnsuchtsbestim-
mung: nur die Seele, nur sein Selbst ist seine einzige Sorge.
Und diese Sorge ermannt sich zu der Sehnsucht, in welcher
selbst gleichsam und allein er die Kraft ermißt und die Macht,
von seiner Not ihn zu erlösen. Der Gott der Sehnsucht ist der
Gott der Erlösung; und was für die Menschheit die Idee
des Messias bedeutet, das bedeutet für das Individuum
die Idee der Erlösung.

33. Worin besteht das Ziel, das Gelingen der Erlösung?
Die Opfer sind überwunden. Hierin ist der Psalmist einig mit
dem Propheten. „Die Opfer Gottes sind ein zerbrochener
Geist." Aber aus der Demut soll die Aufrichtung der
Seele hervorgehen. Wenn der Mensch Seele ist, so hat er kein
anderes individuelles Anliegen als die Reinheit seiner Seele,
die Erhaltung und die Wiedergewinnung ihrer Reinheit;

diese ist ihre Erlösung. Der Gott der Sehnsucht, als der Gott der Erlösung, ist der Gott des Individuums. Und als solcher tritt er in die Korrelation mit dem Individuum. So ist es die Sehnsucht, welche im letzten Grunde die Korrelation zwischen Gott und Mensch, mithin die Religion zustande bringt.

34. Wir kommen nochmals auf die Rührung zurück, und wir haben die Entscheidung getroffen, daß sie durchaus dem ästhetischen Gefühle angehört, ausgenommen, wenn sie, als Mitleid, zugleich mit dem persönlichen Individuum lebendig wird. Sonst schmilzt die Rührung mit der ästhetischen Freude an der Menschennatur zusammen. So steht es um das Verhältnis zwischen dem religiösen Gefühle und dem ästhetischen.

Wie aber steht es um das Verhältnis zwischen dem religiösen Gefühle und dem sittlichen? Kann sich nicht zwischen diesen beiden Momenten ein Verhältnis bilden, ohne daß das sittliche nur als Moment, nämlich als Vorbedingung des ästhetischen Gefühls wirksam ist? Gedenken wir hier des Satzes bei Kant, daß ich vor der sittlichen Erscheinung eines gemeinen Mannes Respekt haben muß. Ist dieser Respekt ausschließlich die Achtung vor der Menschheit, die der gemeine Mann vertritt? Oder ist er als ein ästhetisches Wohlgefallen an der schlichten Menschennatur, wie an der des Kindes zu deuten? Vielleicht dürfte hier weder das eine noch das andere Gefühl den Ausschlag geben, sondern das religiöse Gefühl sich ausprägen.

Der Respekt vor diesem gemeinen Manne ist nicht schlechthin die Achtung vor dem Sittengesetz, welche sich mit der Achtung vor der Menschheit deckt. Und dieser Respekt ist auch nicht schlechthin Bewunderung und Freude an dieser sittlichen und auf ihrem Grunde schönen Entfaltung der Menschennatur, sondern die Bewunderung ist Rührung, welche nicht sowohl Freude ist über den gegenwärtigen Anblick, als vielmehr zugleich Trauer darüber daß eine solche Erscheinung absticht von der glatten Einbildung der Zivilisation. Es ist daher Sehnsucht nach besseren Zuständen, die uns bei solchem Anblick beschleicht. Und die Bewunderung ist nur die diesem Affekt natürliche Begleitung der Sehnsucht. Die Sehnsucht der Liebe ist immer gepaart mit der Ehrfurcht. Bei aller Sehnsucht ist Ehrfurcht, und auch umgekehrt, bei aller Ehrfurcht auch Sehnsucht. So ist die religiöse Liebe in den Psalmen entstanden, als die

Sehnsucht nach dem geistigen, dem einzigen Gotte. So sind Sehnsucht und Ehrfurcht in demselben Ursprung der Korrelation, in demselben Ursprung der Religion verbunden.

35. Und diese Verbindung hat sich in der Lyrik erhalten, als vielleicht wichtigstes Kennzeichen der deutschen Lyrik und des deutschen Geistes überhaupt. Das deutsche Kunstgefühl hat sich hier mit der deutschen Religiosität durchdrungen. Und die Reformation mit Luthers Übersetzung der Psalmen ist dieser Wendepunkt in der Geschichte des deutschen Geistes für die Kunst, wie für die Religion geworden.

36. Was nun von der Poesie für die Lyrik gilt, kann auch auf die Musik bezogen werden, deren religiöse Verwendung ebenso für die Tempelmusik im alten Jerusalem, wie für die deutsche Musik charakteristisch ist. Nicht nur als Kirchenmusik ist die deutsche Musik religiösen Geistes, sondern auch ihre reine instrumentale Ausbildung überhaupt in der geistigen Tiefe ihrer Formenwelt ist bedingt durch ihren religiösen Ursprung. Und auch auf die Oper und das Lied erstreckt sich der religiöse Einfluß, wie die Zauberflöte als die ideale deutsche Oper diesen zur Erscheinung bringt.

37. Wir haben schon beachtet, daß der Kultus nicht als Kriterium der Religion gelten kann. Denn er entfaltet sich in ausgebreiteter Weise als Opfer. Dahingegen entsteht mit den Psalmen das Gebet. Und im Gebete dürfte sich das Kriterium des Monotheismus, mithin des Idealbegriffs der Religion zu erkennen geben. Die Sehnsucht der Psalmen ist die Gemütsverfassung des Gebets. Die Korrelation von Mensch und Gott vollzieht sich im Gebete. Der Mensch fühlt sich auf Grund seiner Sündhaftigkeit in seiner Schwäche und Gebrechlichkeit. Aus dieser Bedürftigkeit heraus erwächst das Verlangen nach Gott. So wird der Gott der Sittlichkeit, der diese für die Menschheit überhaupt verbürgt und herstellt, zum Gotte der Religion, weil er nur als solcher mit dem Individuum seinen Bund schließt, weil er dem Individuum Erlösung bringt von seiner Seelenangst.

38. Die Erlösung von der Sünde ist der eigentliche Zweck und Inhalt des Gebetes. Die Anerkennung Gottes, die Verehrung, die Anbetung, sie sind nur das Mittel für diesen Zweck. Wäre die Gottesverehrung der religiöse Selbstzweck, so wäre die Religion nicht Liebe zu Gott, so wäre die Liebe nur eine Form der Erkenntnis. Die Liebe, als Sehnsucht, betrifft die Befreiung von der Sünde. Nach diesem Befreier,

dem Erlöser sehnt sich die Seele. Und diese Sehnsucht entfaltet sich im Gebete. Die Psalmen sind die Urform des Gebetes.

39. Daher möchte Psalm 51 das Musterbeispiel des Gebetes darstellen. Von seiner schwersten Sünde läßt der Dichter
seinen Urdichter, den David Erlösung suchen. „Verbirg dein
Angesicht vor meinen Sünden und alle meine Missetaten tilge.
Ein reines Herz erschaffe mir Gott, und einen festen Geist
erneuere in meinem Inneren." Und es ist, als ob der Dichter
sich berichtigen wollte wegen der Bitte um die Erschaffung eines
neuen Herzens, nachdem die Erneuerung des festen Geistes
schon von der Erschaffung des reinen Herzens die Mißdeutung entfernt hat, als ob das reine Herz eine Neuschöpfung
sein müßte. So fährt der Dichter fort: „Verwirf mich nicht von
deinem Angesichte, und deinen heiligen Geist nimm nicht
von mir" (V. 11 und 12). Jetzt ist alles klargestellt und in
Ordnung gebracht, auf was es für die Sehnsucht des Büßenden
nach Erlösung ankommt: Gott kann ihn nicht verwerfen; denn
Gott kann seinen heiligen Geist nicht von ihm nehmen. Gott hat seinen heiligen Geist dem Menschen gegeben.
Der menschliche Geist ist daher selbst zum heiligen geworden.
So kann die Erlösung von der Sünde nicht ausbleiben. Die
Sehnsucht hat ihr festes Ziel erlangt. Die Korrelation von
Mensch und Gott ist gegen den schwersten Zweifel sichergestellt.
Solche Zurüstung, solche Verfassung begründet das ideale Ge-
bet, das Gebet der Sehnsucht und der Gewißheit seiner Zu-
versicht.

40. Zur Eigenart der Religion gehört demgemäß neben der
Sehnsucht die Zuversicht, das Vertrauen, die Grundform des
hebräischen Wortes, welches gemeinhin mit Glauben übersetzt
wird. Die Grundbedeutung des Wortes (Emuna) ist Festigkeit
und Bestätigung. Das Amen ist von derselben Wurzel.
Skepsis ist der nackte Widerspruch zum Gebet.

Darauf beruht der Zauber der Mystik. Sie setzt sich in
Widerspruch zu aller vernunftmäßigen Erkenntnis, weil sie
mit dieser immer einen Tropfen Skepsis vermischt meint.
Glauben soll daher nicht Erkenntnis sein, weil Erkenntnis
im besten Falle den Zweifel überwindet. Der Glaube aber soll
über den Zweifel erhaben sein. Daher gilt der Glaube, als das
Vertrauen auf Gott, und zwar nicht nur auf Grund der Zuversicht auf Realisierung der Sittlichkeit in der Menschheit, sondern für das betende Ich als eine eigentümliche Form des

Bewußtseins, und als solche des religiösen Bewußtseins. Wie die Sehnsucht eine Innigkeit und eine Festigkeit hat, die alles sonstige Gefühl an Kraft übertrifft, so auch übertrifft das Bewußtsein der Befriedigung dieses Verlangens alles sonstige Bewußtsein des Gelingens und der Enthebung von einer relativen Bedürftigkeit. Hier setzt sich eine absolute Befriedigung fest. Das ist die Seligkeit, welche den Glauben auszeichnet.

41. Der Glaube an Gott ist das Vertrauen auf die Errettung der Menschenseele durch ihn. Die Erlösung ist diese Rettung von dem allgemeinen Schicksale alles Lebendigen. Der Unterschied zwischen Religion und Ästhetik macht sich in dieser Unterscheidung der Menschenseele von der Natur des Menschen wirksam. Wie die Freiheit den reinen Willen von allen Naturtrieben unterscheidet, so unterscheidet die Religion die Menschenseele von allem Leben. Und wenn die Naturteleologie eine unendliche Entwicklung des Lebens lehrt, so mag dieser Gedanke die Unsterblichkeit der Menschenseele, wie die Religion sie aus der göttlichen Erhaltung der Menschenseele fordert, unterstützen.

42. Der Psalm 73 hat auch für diesen Grundgedanken die Urform des Gebetes gefunden. „Wer ist mir im Himmel, und in Gemeinschaft mit dir habe ich kein Verlangen an der Erde: die Nähe Gottes ist mein Gut." In dieser Nähe Gottes erkennen wir unsere Korrelation. Die Nähe hat aber auch vorher schon terminologische Bedeutung gewonnen. In ihr bezeichnet sich der Unterschied von der pantheistischen Vereinigung mit Gott. Der reine Monotheismus kennt keine Vereinigung mit Gott. Er kann keine denken und er ersetzt sie. Gott hat dem Menschen die reine Seele gegeben. Gott hat seinen heiligen Geist in das Innere des Menschen gesetzt. Der Mensch kann noch so viel sündigen, so kann er doch der Reinheit seiner Seele und seines heiligen Geistes nicht verlustig gehen. Gott ist sein Erlöser: „der Erlöser vom Verderben seines Lebens". Gott ist der Erhalter seiner Seele. Auf der Korrelation zwischen Mensch und Gott beruht die Unsterblichkeitslehre des israelitischen Monotheismus. Aber die Korrelation wehrt die Vereinigung ab.

43. Demgemäß ist der Terminus der Nähe Gottes zu dem Terminus geworden, in dem die Religion mit der Ethik wetteifert: aus der Nähe ist die Annäherung geworden. Und wie die Nähe Gottes das höchste Gut der Religion ist, so ist die

Annäherung an Gott das höchste Gebot der religiösen Sittlichkeit. Gott ist ja nur das Ziel dieser Annäherung; der Annäherung selbst wegen bezeichnet er das Ziel derselben. Er ist heilig, weil der Mensch es sein soll. Und zumal die Affekte des Willens werden ihm nur in dem Sinne zuerteilt, daß der Mensch sie aus der Leitung Gottes heraus beherrschen lerne. **44.** Das Zentrum der mittelalterlichen Theorie des arabischjüdischen Monotheismus bildet die Attributenlehre. Wenn nun durch diese ganze Philosophie sich der Gedanke hindurchzieht, ob Eigenschaften Gottes positiv, oder wie man gewöhnlich annimmt, nur negativ gelehrt werden dürfen, so wird dieses ganze Problem von dem Prinzip der Korrelation beherrscht. Nur in Korrelation zum Menschen soll das Wesen Gottes bestimmbar werden. Nur diejenigen Attribute sollen ihm zuerteilt werden dürfen, welche die Sittlichkeit des Menschen begründen, seine Annäherung an Gott begünstigen. Theoretisch, als ein eigener Gegenstand der Erkenntnis soll Gott gar nicht gedacht werden dürfen. So wird demnach auch durch die Attributenlehre die Eigenart der Religion in einer Schwebe gehalten zwischen Erkenntnis und Sittlichkeit, zwischen Intellekt und Willen, zwischen Metaphysik und Ethik. **45.** Es ist ebensosehr ein methodischer Irrtum, wie ein historisches Mißverständnis, wenn man dieses Schweben und scheinbare Schwanken des mittelalterlichen Denkens dahin auffaßt, daß eine Selbständigkeit der religiösen Bewußtseinsart dadurch dem Glauben zugesprochen werden sollte. Diese Tendenz kann jener philosophischen Theologie durchaus fernliegen. Was jenes Zeitalter will, ist nicht sowohl, die Selbständigkeit der Religion gegenüber der Erkenntnis und der Sittlichkeit zu bestimmen, als vielmehr nur die Eigenart der Religion gegenüber dem Intellekt und dem Willen zu sichern. Maimonides bemüht sich durchgängig ebensosehr darum, den Glauben von der Erkenntnis und dem Willen zu unterscheiden, wie ihn zugleich mit Erkenntnis und Willen in inniger Verbindung zu erhalten.

Ebenso wollen auch wir nicht die Selbständigkeit neben den reinen Arten des Bewußtseins für die Religion begründen, sondern die Eigenart der Religion bildet für uns das methodische Problem der Religion. Diese Eigenart wird nicht durch ein Wort festgestellt, mit dem eine religiöse Bewußtseinsart bezeichnet würde. Weder das Mitleid, noch die Sehnsucht, noch die Liebe, noch die Annäherung sind mehr als Worte.

Durch diese Termini soll aber nur das Problem bezeichnet werden, welches die Religion als Eigenart des Bewußtseins bildet.

46. Wie vollzieht sich diese Eigenart? Diese Frage lautet präziser: In welchem Verhältnis zu den reinen Arten des Bewußtseins vollzieht sie sich? Auf dieses Verhältnis muß sie ja angewiesen sein und bleiben, sofern ihre Eingliederung in das System der Philosophie die methodische These bildet. Logik sowohl, wie Ethik und Ästhetik, sie alle müssen daher in Kraft und in Klarheit bleiben, wenn die Eigenart des religiösen Bewußtseins zur systematischen Bestimmung kommen soll. Ohne solche Wahrung des Verhältnisses zu den Gliedern des Systems könnte weder der Begriff Gottes, noch der Begriff des Menschen für die Korrelation bestimmbar werden, in der wir die Eigenart der Religion zu erkennen suchen. Jetzt aber erst entsteht die Frage: durch welche methodischen Mittel läßt sich diese Eigenart zur Bestimmung bringen? Durch welche methodischen Mittel bleibt der Eigenwert von Logik, Ethik und Ästhetik unbehelligt von jedem Eingriff bei dieser Korrelation? Durch welche methodische Mittel läßt sich die Eigenart als solche durchführen, ohne daß sie den falschen Schein einer eigenen Selbständigkeit annähme? Denn wenn die Religion selbständig werden könnte und werden dürfte gegenüber den reinen Arten des Bewußtseins, so würden nicht nur diese in ihrer Reinheit getrübt, in ihrer Selbständigkeit verschränkt, sondern auch die religiöse Eigenart selbst würde in ihrer Methodik gehemmt, und daher auch um ihre Geradheit gebracht und um das Maß der Reinheit, das auch für sie zu erstreben ist.

47. So bildet es eine eigene Aufgabe und ein eigenes Problem, die Eigenart der religiösen Liebe und des religiösen Glaubens nicht nur innerhalb der religiösen Methodik zu bestimmen, sondern diese selbst in ununterbrochenen Zusammenhang zu versetzen und in diesem zu erörtern, um ihn zur Durchwirkung kommen zu lassen in diesem Zusammenhang mit den systematischen Arten des reinen Bewußtseins, denen nicht nur Eigenart, sondern auch Selbständigkeit zusteht.

V. Das Verhältnis der Religion zur Psychologie.

1. Nicht auf das moderne Problem der Religionspsychologie wollen wir hier eingehen. Unsere systematische Aufgabe trennt uns von demselben auch schon dadurch, daß die Religionspsychologie mit der Religionsgeschichte zusammenhängt. Was im guten alten Sinne Psychologie bedeutete, als Analyse und Ordnung der Vorstellungen, welche das Bewußtsein erfüllen, und welche bestimmte Tätigkeitsweisen und Grundzüge des Bewußtseins ausmachen, dieser alte Sinn der Psychologie ist aus den bisherigen Erörterungen nicht entschwunden. Wenn wir nicht in der systematischen Tendenz, um von den reinen Gliedern des Systems die Eigenart der Religion zu unterscheiden, das Mitleid, die Sehnsucht für die Auszeichnung des Individuums und seine Erhaltung bestimmt hätten, so würde die alte naive Ansicht von der Psychologie diese Begriffe als ihr eigenstes Gut ansprechen dürfen. Denn wichtige Erscheinungen des Bewußtseins, wichtige Tätigkeitsrichtungen desselben werden durch jene Begriffe beleuchtet. Indessen diese Art der Psychologie meinen wir selbst nicht mehr, insofern wir die Psychologie als das vierte Glied des Systems der Philosophie aufstellen, allerdings bisher nur dies in Aussicht genommen haben, obzwar die drei Schlußabschnitte der drei bisher erschienenen Bücher des Systems von dem Problem der systematischen Psychologie ihre Entwürfe versucht haben.

Wir versuchen hier von neuem, von dieser neuen Aufgabe der Psychologie eine Ansicht zu gewinnen. Und gerade das Problem der Religion im Gesamtbewußtsein dürfte die Unterscheidung und die Zusammenfassung der Vorgänge des Bewußtseins, wie die Psychologie sie zu fordern hat, ohne genauere Durchführung wenigstens anschaulich machen.

2. Während die drei Glieder des Systems mit drei Sonderrichtungen des Bewußtseins befaßt sind, mit der Erkenntnis, mit dem Willen und mit dem Gefühl, zeigt sich der systematische Wert, beinahe möchte man sagen, das systematische Vorrecht der Psychologie darin, daß sie nicht eine Sonderrichtung des Bewußtseins, und auch nicht einmal nur die Gesamtheit derselben, sondern vielmehr ihre Einheit zum Problem hat. Diese Einheit zustande zu bringen, scheint das eigentliche Problem zu sein, dessen Behandlung die Psychologie erfordert. Denn die einzelnen Bewußtseinsformen könnten den einzelnen Systemgliedern überlassen zu werden scheinen, aber ihre Zusammenfassung, vielmehr ihre Vereinigung, so daß in dieser die Einheit des Bewußtseins zustande kommt, dazu besonders scheint es der Psychologie zu bedürfen. Und in der Tat kommt ja schon die Logik in Gefahr, mit Psychologie sich zu vermischen, wenn sie nur die Einheit des Denkens vollziehen muß. Und diese Gefahr steigert sich für die Ethik und für die Ästhetik.

3. Wenn nun gar die Religion in diesen Kreis der Bewußtseinsrichtungen eintritt, so wird zunächst das Problem der Einheit des Bewußtseins durch diese neue Aufgabe erschwert. Wenn es sich nun aber herausgestellt hat, daß diese religiöse Eigenart des Bewußtseins methodisch unterschieden werden muß von der Selbständigkeit jener drei reinen Arten, so entsteht damit eine neue Aufgabe, beinahe möchte man sagen, ein neuer Begriff der Einheit des Bewußtseins. Denn sie bedeutet jetzt nicht nur die Vereinigung, sondern die Gliederung, die Einordnung und Unterordnung, so daß die Vereinigung in eine Mehrheit von Einigungsakten sich einzuteilen scheint.

4. Die Psychologie bedeutet uns das Problem der Einheit des Bewußtseins für alle Hauptrichtungen und Seitenwege, die das Kulturbewußtsein einschlägt. Sofern diesem Kulturbewußtsein Normalität zuerkannt wird, soll kein Weg, den das Bewußtsein in der gesamten Kultur einschlägt, als pathologisch angenommen, sondern vielmehr seine Einordnung in die ideale Einheit des Bewußtseins, in die Norm der Einheit erzielt werden. Das ist das erste Erfordernis, welches die psychologische Einheit des Bewußtseins aufstellt.

5. Wenn nun aber jeder dieser Kulturwege des Bewußtseins in die Einheit einzuordnen ist, so ist damit die weitere Forderung ausgesprochen, daß keiner dieser Wege vor den anderen vorangestellt werden, keiner hinter dem anderen verschwinden darf; wenngleich für die Eigenart, sofern sie von

der Selbständigkeit unterschieden werden soll, eine Nebenordnung vorgesehen werden muß. Die Einheit aber bürgt
dafür, daß die Nebenordnung nur die einzelnen Glieder des
Systems angeht, nicht aber die Einordnung in die Einheit
gefährden und beeinträchtigen darf.

6. Diese Forderung kann auch dahin ausgedrückt werden:
daß keines der Glieder, geschweige denn eine Eigenart, irgend-
eine Präponderanz, ein Übergewicht oder gar eine Totalität
zu bedeuten haben darf. Diese Tendenz schadet am meisten
der philosophischen Charakteristik der Religion. Und dieser
Fehler gerade wird am wenigsten vermieden. Damit die Religion nur ja nicht weniger sei als Wissenschaft und Logik, als
Sittlichkeit und Kunst, wird ihr ein Mehr, ein Vorrecht zugesprochen. Und darauf gerade zielen auch die Tendenzen ab,
welche die Religion in Phantasie und Gefühl begründen wollen.

7. Wir gehen zunächst an unsere positive Aufgabe. Wir
hatten die Frage gestellt: in welcher Weise und durch welche
methodischen Mittel die Korrelation zwischen Mensch und Gott,
in welcher die religiöse Eigenart besteht, sich in Vollzug bringen lasse, und zwar nicht nur überhaupt, sondern als Eigenart,
und das will negativ sagen, nicht als Selbständigkeit. Die Frage
betrifft daher mit der Religion zugleich die drei Vorderglieder
des Systems. Wie werden sie erhalten, indem die neue Eigenart sich bildet? Und unter welchen Bedingungen bedient sich
die Eigenart der drei selbständigen Glieder, um sich als Eigenart zu bilden?

Es kann sonach die psychologische Einheit des Bewußtseins für die Religion nicht darin in Frage kommen, daß sie
etwa allein diese Einheit zu konstituieren, das Bewußtsein mit
ihrer Totalität zu erfüllen, oder auch nur mit ihrem Übergewicht zu beherrschen hätte. Denn nur als eine Eigenart,
nicht als eine Selbständigkeit soll innerhalb der Einheit des
Bewußtseins die Religion Unterkunft finden. Ein Terminus, der
für eines der selbständigen Glieder des Systems in legitimem
Gebrauche ist, kann schon deshalb von der Religion nicht in
Anspruch genommen werden. So erklärt sich die Auswahl unter
den Affekten des Mitleids und der Sehnsucht, wie auch der
Ehrfurcht, neben der Achtung, der Liebe und dem Gefühl
überhaupt.

Wenn wir diese Voraussetzung im Auge behalten, werden
wir unsere Frage zu einer positiven Beantwortung bringen können. Die Nebenordnung unter dem Gesichtspunkte der Ein-

ordnung muß die Angliederung der Eigenart an die selbständigen Glieder zu bewirken haben, und zwar die Angliederung an alle drei Glieder; es darf keines derselben in Wegfall
kommen, wenn die Eigenart der Religion in voller Klarheit und
Unzweideutigkeit zur Bestimmung kommen soll.

*   *   *

8. Wenn wir nun so die Eigenart der Religion unter dem
Gesichtspunkte der Einheit des Kulturbewußtseins begründen
wollen, so haben wir zunächst die Angleichung an das Bewußtsein der Erkenntnis zu bewirken. Es ist damit die Grundforderung festgestellt, daß kein Konflikt zwischen Religion und
Wissenschaft zu Recht bestehen kann. Es ist eitel Anmaßung,
wenn sich die Religion ein höheres Recht zuspricht, einen tie-
feren Grund der Erkenntnis, als der der Wissenschaft zusteht,
sondern die Eigenart, mithin das Eigenrecht der Religion ist
bedingt zunächst durch die Angliederung an die Erkenntnis,
sofern ihre Eingliederung in das System und in die Einsicht
des Bewußtseins erstrebt wird. Die Grundlagen der Religion
können daher auch nichts anderes sein als Grundlegungen.
Die Idee des Guten ist und bleibt Idee. Die Offenbarung
muß es daher als ihre idealste Interpretation anerkennen, wenn
sie dem Apriori der Erkenntnis verglichen und analog gesetzt,
und in dieser Bedeutung von dem Wandel der Ansichten als
das Ewige, das aller Entwicklung zugrunde Liegende
verstanden wird.

Bei keiner Frage der Erkenntnis darf die Beherrschung,
die Unterordnung der Wissenschaft unter die Probleme der
Religion zulässig sein. Die Freiheit der Wissenschaft muß die
unverletzliche Voraussetzung sein für die Religion, sofern sie
ein systematisches Glied der Einheit des Bewußtseins ist. Keine
Form der Mystik darf gegen die Grundform der Erkenntnis
angesprochen werden; keine Intuition als ein methodisches
Organ der Erkenntnis, geschweige die Phantasie, die nur für
Kunstgebilde in Frage kommen kann.

Ebensowenig darf die Tradition literarischer Quellen oder
geschichtlicher Institutionen als eine selbständige Autorität
angerufen werden. Die literarischen Denkmäler und die geschichtlichen Institute unterliegen allesamt dem einheitlichen
allgemeinen Gesetze der Quellenforschung, welches ebenso für
Poesie und Sage gilt, wie für Wissenschaft und Geschichte.
Eine Methode für die Eine Erkenntnis.

9. Auch die Dogmatik der Religion hat sich dieser einheitlichen Methode zu unterwerfen. Die Abhängigkeit der Theologie von der Wissenschaft ist nur Schein und Vorurteil: sie ist vielmehr die Begründung der Theologie als Wissenschaft. Der Schein der Abhängigkeit beruht auf dem Mangel der Unterscheidung zwischen Eigenart und Selbständigkeit. Wie die Religion, so hat auch die Theologie nur Eigenart anzustreben. Und wie die Theologie in ihren literarischen und geschichtlichen Quellen von der Philologie und Geschichte in deren Methoden abhängig ist, so nicht minder in der Glaubenslehre von der Philosophie und insbesondere der Ethik.

Schon die Unterscheidung zwischen philosophischer und religiöser Ethik ist bedenklich. Die letztere dürfte sich eigentlich nur durch die Berufung auf die Religionsurkunden und deren Benutzung als Religion begründen. Vielmehr aber muß sie ihr allgemeines Fundament der wissenschaftlichen Erkenntnis in der philosophischen Ethik anerkennen und zugrunde legen. Ohne diese Eingliederung in die philosophische Ethik könnte die Eingliederung der Religion in das System und in die Einheit des Bewußtseins überhaupt nicht Problem werden. Es wird viel Unklarheit, viel Streit und Differenz vermieden, wenn diese Unterscheidung in der Behandlung der Ethik aufgegeben wird.

Kant hat mit dieser Disposition begonnen, insofern er die Theologie nur als „Ethico-Theologie" anerkennen wollte, so daß erst nach der Ethik der Katechismus folgen dürfe, aber er hat diese Disposition nicht aufrechterhalten, da er dennoch eine „Religion innerhalb der Grenzen der bloßen Vernunft" auf die „Kritik der praktischen Vernunft" und auf die „Metaphysik der Sitten" folgen ließ. Es bleibt die Frage, ob die Religion innerhalb der bloßen Vernunft nur die Eigenart, oder auch die Selbständigkeit der Religion behauptet.

10. Wenn nun aber die Unterordnung unter die Erkenntnis von der Religion durchgeführt ist, so bleibt das positive Problem der Eigenart übrig. Was kann neben der Erkenntnis und ihr gleichartig die Religion zu versorgen haben? Hier stehen die intimsten Fragen der geschichtlichen Tradition und die zartesten Obliegenheiten der geschichtlichen Gesinnung auf dem Spiele. Was als Pietät der geschichtlichen Kultur zu denken und zu pflegen ist, das bezieht sich vornehmlich auf die Hütung und Deutung der religiösen Quellen, Denkmäler und Institute. Wie in der Kunst die Idealisierung die legitime Methode ist, so nicht minder in der Kunstpflege der Religion.

Die Idealisierung bildet die Vermittlung hier zwischen Erkenntnis und Kunst. Kunst ist es, was in der Technik, in der Handhabung, in der Charakteristik, in der gesamten Interpretation des Religionswesens zu leisten ist. Hier darf die Kollision zwischen der Wahrheitforschung der Wissenschaft kein sachliches Hemmnis bilden. Die Grenzen der Subjektivität müssen mit Einsicht und Toleranz anerkannt werden bei der Differenz der religiösen Überzeugungen. Diese muß natürlich und unvermeidlich eine Differenz bilden in der Interpretation der religiösen Quellen. Solange man die Stellen im Jesaja, die vom Messias sprechen, auf Christus bezog, ergaben sie einen anderen Sinn, als bei der vom Christentum unabhängigen Auffassung. Und was vom Messias jetzt allgemein zugestanden werden muß, müßte ebenso auch eingesehen werden für alle anderen Fragen des Gottesbewußtseins. Das Bild der Psalmen: „der Herr ist mein Hirte" erscheint in anderem Lichte, wenn Christus, als Lamm Gottes, zugleich der treue Hirte ist. Und das Bilderverbot des Dekalogs und der Gedanke der Einzigkeit Gottes nehmen eine geistige Änderung an unter dem wie immer geistigen Gesichtspunkte der Trinität.

11. Kant ist daher von einem richtigen Wahrheitsgedanken geleitet worden, als er die Erhaltung einer Professur für das alte Testament in der hebräischen Ursprache forderte. Denn was wir bisher aus dem psychologischen Gesichtspunkte und aus dem der Toleranz demgemäß als Pietät forderten, das ist auch streng wissenschaftlich geltend zu machen. Die Übersetzung in eine andere Sprache ist immer die Umgießung in ein anderes Gepräge des Geistes, so daß die Umwertung dabei unvermeidlich ist. Wird aber wenigstens die Sprache erhalten, so bildet der veränderte religiöse Horizont kein unüberwindliches Hindernis mehr für die Aufnahme des geistigen Inhalts in seiner ursprünglichen Bedeutung. Daher ist die hebräische Urform die unerläßliche Voraussetzung für das richtige Verständnis der alttestamentlichen Gedanken.

12. Was aber für das alte Testament gilt, das muß weiter gefordert werden für die aus ihr hervorgegangene jüdisch-religiöse Literatur, deren Homogeneität mit den Urquellen unverkennbar ist. Des alten Testaments selbst wegen ist daher die Erforschung von Talmud und Midrasch, sowie nicht minder auch der religiösen und insbesondere der religionsphilosophischen Literatur des Mittelalters als eine Forderung der wissenschaftlichen Wahrheit anzuerkennen.

Aus dem Kriterium der Wissenschaft ist diese Forderung auch zu erstrecken auf die Erforschung der gesamten späteren christlichen Literatur: nicht allein für das richtige Verständnis des neuen Testaments ist sie selbsverständlich, sondern auch auf die ganze fernere Entwicklung der religiösen Probleme im Kulturbegriffe des Christentums muß sie zutreffen. Denn eine einheitliche Erkenntnisweise bildet hier das Problem, das daher auch nur kraft einer einheitlichen Methode zu bewältigen ist. Das Prinzip der Einheit des Bewußtseins gilt zunächst auch für die Entwicklung als eine einheitliche, gleichartige, welche die Eigenart der Religion von ihren Ursprüngen an zu durchlaufen hat.

13. Endlich auch ist Kants Gedanke aus seinem „Streit der Fakultäten" in Ehren zu halten, der die philosophische Fakultät als die allgemeine wissenschaftliche Instanz auch für die Theologie zur Grundforderung machte. Durch diesen organisatorischen Grundgedanken ist nicht nur dem Universitätswesen erst die methodische Fundamentierung gegeben und gesichert, sondern auch alle kirchlichen Streitigkeiten werden durch diese wissenschaftliche Vorsicht hinweggeräumt, insofern der methodische Urboden als ein gemeinschaftliches Gut für alle Wissenschaften, und demgemäß auch für die Religion festgelegt wird.

So wird die Religion im Anschluß an die Erkenntnis als Eigenart gesichert, indem ihre Selbständigkeit, die nur ein unsystematisches Vorurteil ist, erledigt wird. Und die Einheit des Bewußtseins hat dadurch ihren festen Mittelpunkt, ihren unverrückbaren Schwerpunkt erlangt. Jetzt kann sie von keinem Anspruch mehr gestört werden. Kein Anspruch des Gemütes kann Anerkennung verdienen, der dem Grundsatze der einheitlichen wissenschaftlichen Wahrheit widerspricht und Abbruch tut. Es ist der Triumph systematischer Methodik, was hierdurch für die Religion, für ihre Eingliederung in das systematische Glied der Erkenntnis, für ihre Einordnung in die Einheit des Kulturbewußtseins gewonnen wird. Alle Forderungen des Gemütes, alle Ansprüche der geschichtlichen, der literarischen, der nationalen Pietät selbst werden befriedigt. Die Einheit der Erkenntnis ist die Parole für die Eigenart der Religion.

*　　*　　*

14. Gegenüber der Ethik innerhalb der Einheit des Bewußtseins hat die Eigenart der Religion einen schweren Stand. Denn die ethische Autonomie scheint das ganze Gebiet der persönlichen Sittlichkeit notwendig und zureichend zu verwalten. Wenn dagegen die christliche Religion in Christus den Mittler zwischen Gott und Mensch annimmt, so konnte sie die Idee Christi nur als die Idee der Menschheit deuten, wenn auch nur der Schatten einer Autonomie verteidigt werden sollte, geschweige daß Kant anders als in dieser Idee die zweite Person der Trinität hätte fassen können. Und ebenso verstehen wir die gegenwärtigen Bewegungen der protestantischen Theologie in dieser Richtung. Mehr oder weniger streng bewußt zielen sie auf die Vereinbarung des Mittlers mit der Autonomie.

Hierin besteht das schwerste Problem der systematischen Religion gegenüber der historischen Kultur. Wenn anders dagegen auch für das Christentum der Schwerpunkt der Religion im reinen Monotheismus liegen muß, so daß dem Begriffe des einzigen Gottes gegenüber der Begriff Christi nur ein sekundärer Begriff sein kann, so muß es der ferneren Entwicklung der ethischen, sowie der geistigen Kultur überhaupt, zugewiesen werden, an diesem Grenzfalle zwischen systematischer Religion und Kulturgeschichte allmählich Klärung zu schaffen. In den Grenzen der Religion gehen wir den Weg des reinen Monotheismus, der keinen Mittler zwischen Gott und Mensch, und keinerlei Deutung und Idealisierung eines solchen für die lebendige Religion zuläßt.

15. Nach dem Grundgesetze der Autonomie hat jedes menschliche Individuum zwar seine Schwachheit, seine Sündhaftigkeit zu erkennen, aber mit unbedingter Selbständigkeit seine Befreiung, seine Erlösung von dem Bewußtsein seines Abstands von dem sittlichen Ziele mit unablässigem Eifer anzustreben. Nur seine eigene sittliche Arbeit kann ihm Hilfe bringen. Es muß sein ganzes Selbst auf diese sittliche Arbeit konzentrieren, um ihren Sinn und Geist zu betätigen und zu erfüllen. Es wird nun aber von dem geraden Wege dieser sittlichen Arbeit abgelenkt, wenn es auch nur den Gedanken aufkommen läßt, daß ein Mensch oder selbst ein Gott ihm bei seiner menschlichen, selbständig menschlichen Arbeit einen unentbehrlichen Beistand zu leisten hätte. Die Ethik muß in ihrer Herrschaft über den Menschen ohne Einschränkung anerkannt werden.

16. Indessen was für das Streben gilt, gilt nicht auch für das Gelingen. Die individuelle Schwäche hängt doch auch mit der allgemein menschlichen Schwachheit zusammen. Und so liegt es schon im Bewußtsein des individuellen Abfalls von der Pflicht, daß die allgemeine Schwachheit anerkannt wird, und die menschliche Unzulänglichkeit, über die Schwachheit obzusiegen.

Hier tritt die Eigenart der Religion, in der Korrelation des Menschen mit Gott, in das System ein. Sobald der Mensch in der Erkenntnis seiner Sünde sich als Individuum erkennt und entdeckt, so tritt sein persönliches Verhältnis mit Gott in sein Bewußtsein ein. Als Individuum kann er nicht isoliert bleiben in seiner sittlichen Erkenntnis. Aber wenn selbst die ganze Menschenwelt sich um ihn versammelt, so könnte er von dem Gedanken seiner Verlassenheit und Vereinsamung nicht befreit werden, wenn er nicht in die Korrelation mit Gott eingestellt würde. In Gott hat er seinen Schwerpunkt für seine sittliche Welt gewonnen. In Gott hat er daher auch den Angelpunkt seiner Befreiung von dem notwendigen Bewußtsein seiner Belastung zu erkennen.

Die Bedeutung Gottes besteht nunmehr in dieser persönlichen Bürgschaft, nicht mehr nur in der menschheitlichen überhaupt. Der Unterschied der religiösen Eigenart von der ethischen Bedeutung Gottes wird evident. Diese steht nur ein dafür, daß es der Sittlichkeit niemals an der Menschenart mangelt, so daß die Sittlichkeit auf Erden sich nicht verwirklichen könnte. Aber daß ich selbst in meiner isolierten Individualität mit meinem redlichen Bemühen um meine Sittlichkeit, um ihre Erhaltung und Wiedergewinnung zustande komme, das kann mir der Gott der Menschheit nicht an sich verbürgen. Die Allheit, als welche die Menschheit zu denken ist, verbürgt nicht die Individualität, als solche. Dazu bedarf ich Gottes, als meines Gottes. Mein eigener Gott ist der Gott der Religion.

17. Wir erkennen die Eigenart, zugleich aber auch die Angliederung an die Ethik als Voraussetzung. Der religiöse Gott ist nicht selbständig, sondern durch die Ethik bestimmt. Und nur im innigsten Anschluß an die Autonomie und nur unter ihrer strengsten Aufrechterhaltung kann der religiöse Gott der Gott des ethischen Menschen werden. So begründet sich auch hier für die Einheit des Bewußtseins die Eigenart der Religion erst auf dem Grunde ihres Unterschiedes von der Selbständigkeit, mithin auf ihrer Einordnung in die ethische Grundbedingung. Und wenn Kant den Unterschied zwischen Religion und Ethik in die Auffassung des Sittengesetzes, als eines göttlichen Gebotes setzt, so darf in seinem Geiste das göttliche Gebot nimmermehr als Widerspruch oder auch nur als Einschränkung der Autonomie gedacht werden. Im Grunde kann ja aber auch der Autonomie nicht eine gleichsam psychologische Selbständigkeit zugesprochen werden, so daß sie eine Unabhängigkeit von aller literarischen Einwirkung zu bedeuten hätte. Einen solchen Widersinn gegen die menschliche Bildung und Erkenntnis kann sie wahrlich nicht bedeuten.

Es bliebe daher nach Kant für die Religion die Bedeutung offen: daß in ihr das Sittengesetz, welches für die Ethik als Autonomie gilt, in Übereinstimmung, in Identität gedacht werde mit dem Gebote Gottes. Woher aber weiß ich von dem Gebote Gottes? Die religiösen Urkunden können mir Belehrung geben, aber keine autoritative Anweisung. Die Deutung des Sittengesetzes, als des göttlichen Gebotes, kann sich daher nur erklären und rechtfertigen aus der Ansicht, daß ich aus eigener Vernunft, mithin aus Autonomie sie vollziehe. Und ich tue dies, weil und sofern ich Religion definieren, schaffen und begründen will.

18. Es bleibt daher nur die Frage, welche Berechtigung mir noch zusteht, diese Definition zu machen. Darauf antwortet unsere Methodik, insofern sie den systematischen Begriff der Religion festzustellen sucht. Zu dieser Feststellung gehört es, daß nicht nur die Angliederung an die Ethik hergestellt wird, sondern daß auch die Eigenart klargestellt werde. Und diese Klarstellung wiederum macht es erforderlich, daß nicht nur die Korrelation zwischen Mensch und Gott sich einstellt, sondern dieser Eintritt Gottes in das Blickfeld des Menschen muß seinem Werte nach auch aufgehellt werden aus dem Gesichtspunkte der Einheit des Bewußtseins für alle Angelegenheiten unseres sittlichen Berufes. Es würde sonst scheinen, als ob der Begriff Gottes zwar zulässig sei, aber wenn man sich des Bewußtseins der Sünde entschlagen, und alle sittliche Arbeit auf die Autonomie übertragen wollte, daß alsdann Gott und mit ihm die religiöse Eigenart sich erledigen ließe. Es könnte ja kontrovers bleiben, ob das Bewußtsein der Sündhaftigkeit sich nicht schlechterdings deckt mit der Erkenntnis eines momentanen Abfalls, welche letztere der Autonomie selbst zugerechnet werden könnte.

Aus diesem Zweifel heraus entsteht überhaupt die Meinung, daß das religiöse Bewußtsein eine Spezialität und eine überkommene Absonderlichkeit sei, deren wirklicher Kulturwert durch die reine Sittlichkeit hinlänglich und besser ersetzt werden könnte. Nach diesem Gedanken wird die Möglichkeit der religiösen Eigenart hinfällig. Wir wollen nun versuchen, unsere Methodik auch zur Entkräftung dieses gefährlichsten Einwands nutzbar zu machen; wollen das allgemein Menschliche der Religion zu erkennen suchen, nicht nur ihre theologische Spezialität, welche eine Selbständigkeit für sie ausmachen würde.

19. Der Ertrag der Korrelation mit Gott besteht für den Menschen in seinem Begriffe als Individuum, als Individuum seiner intimsten Sittlichkeit. Die Bedeutung der Religion muß sich daher erkennen lassen in der Bedeutung, welche sie für die Auswertung des Individuums hat, allezeit gehabt hat und für alle fernere Entwicklung haben kann. Die sittliche Kultur kämpft hauptsächlich mit der Antinomie zwischen der Gemeinschaft und dem Individuum. Und den verschiedenen Begriffen, welche Recht und Staat für die Gemeinschaft zur Entwicklung bringen, entsprechen auch die verschiedenen Bedeutungen des Individuums. Das Individuum wird juristische Person. Aber auch als solche unterliegt es den Schwierigkeiten, welche Wirtschaft und Verkehr, Arbeit und Arbeitsvertrag über das Individuum verhängen. So erklärt sich im neueren Recht und in der neueren Politik die Richtung auf die Genossenschaft, in welcher das Individuum seinen Leib und seine Seele verkörpern soll.

20. Dahingegen wird es vielfach in dieser Richtung der Politik fühlbar, daß dem sittlichen, dem ethischen Individualismus, der persönlichen Verantwortlichkeit durch die Konzentration des Individuums auf seine relative Gemeinschaft Abbruch geschieht. Das Individuum wird juristisch gesichert, aber ethisch gefährdet. So wird es verständlich, daß gerade die soziale Grundtendenz der neuen Zeit das religiöse Bedürfnis aufrechterhält: um das Problem des Individuums gegen das allbeherrschende Prinzip der Gemeinschaft in Kraft zu erhalten. Schon das Bewußtsein der individuellen persönlichen Verantwortlichkeit bedarf sorgsamer Hütung bei diesem Schutze der Individuen innerhalb ihres Milieus.

Die persönliche Verantwortlichkeit des Individuums, seine Verantwortlichkeit für alle seine Handlungen, seine Pflicht, alle seine Handlungen auf seine sittliche Autonomie hin zu prüfen,

zu regeln, zu leiten und zu beleuchten, darf nicht geschmälert
werden durch das moderne Bewußtsein von seinem sozialen
Schicksal. Seine Verantwortlichkeit kann aber nur dann ernst,
innig, fest und stark werden und bleiben, wenn trotz dieser
sozialen Einsicht, und gleichsam ihr entgegengesetzt das Bewußtsein geweckt wird und wachbleibt: daß jeder Mensch, und wäre
er in Ketten geboren, frei ist, sofern er frei sein soll, sofern
er sich die Aufgabe stellen soll, frei sein zu wollen. Diese
Einsicht gibt die Lehre der Ethik, und auf ihr beruht alle
ethische Arbeit. Aber es ist der Kulturwert der Religion,
diese ethische Einsicht lebendig zu erhalten, damit sie nicht
verdunkelt werde von der sozial-ethischen Einsicht, welche das
Individuum zu befreien strebt durch diese Erkenntnis und durch
die Machtmittel der Gemeinschaft. Ohne diese Hilfe der Religion für dir Erhaltung des Individuums besteht die Gefahr, daß
die sozial-ethische Einsicht den anderen Gedanken verdrängt,
weil er für die theoretische Einseitigkeit ein Hemmnis, und
ferner auch allgemein ein mystisches Vorurteil zu bilden scheint.
Dagegen hat die Religion ihre Eigenart einzusetzen.

21. Es ist nun wahrlich nicht etwa hier die Meinung, daß
die Religion an die Stelle der Ethik zu treten hätte: es handelt
sich ja keineswegs um ihre Selbständigkeit. Ihre Eigenart bedeutet ja nur, daß sie als ein Faktor der systematischen Kultur mitzuwirken habe, um die Einheit des menschlichen Kulturbewußtseins zustande zu bringen. Diese Einheit des Kulturbewußtseins aber ist durch die Individualität bedingt.
Und alle soziale Gemeinschaft muß am letzten Ende doch in
diese Individualität einmünden. So ist die Eigenart der Religion
eine Grundbedingung der systematischen Einheit des modernen
Kulturbewußtseins.

22. Man darf auch nicht vergessen, daß die Fabel von den
drei Ringen doch nicht die Bedeutung hat, den Vorzug
der einen der drei Religionen in systematischer Richtigkeit zu
bedeuten. Das Kennzeichen, das die Fabel für ihre Richtigkeit
angibt, können wir in unserem Sinne verstehen: daß die Sittlichkeit das Kriterium der Religion sei. Innerhalb der
historischen Verhältnisse aber ist es ein besonderer Tugendweg
zur Sittlichkeit: daß der historischen Religion gegenüber, in die
das Individuum hineingeboren ist, Treue, Bekenntnistreue geübt
werde. Diese Treue hat sich in der Kulturarbeit der Idealisierung zu betätigen, deren jede monotheistische Religion fähig
ist, sofern ihre Wahrheit dem Grundgesetze der Entwicklung

unterworfen wird. Durch sie wird die Gefahr beschworen, die in der Überlastung der Pietät mit der historischen Tradition besteht, welche letztere die persönliche Verantwortlichkeit und die individuelle Freiheit ihr gegenüber beeinträchtigen kann. Die logische Grundbedingung, die wissenschaftliche Kontrolle bildet hier eine unentbehrliche und eine sichere Stütze.

23. Ein nicht hoch genug zu schätzender Vorzug der Religion liegt unter dieser Grundbedingung endlich darin, daß sie von dem Verhängnis der Mystik befreit und von den Schlingen der Metaphysik, die den Geist bedroht, wenn er von der Korrelation mit Gott sich freimachen will. Die mythologischen Fragen nach dem Schicksal des Menschen und der Welt erlangen alsdann die Oberherrschaft über ihn, und sie entziehen ihn den historischen und sozialpolitischen Aufgaben, mit denen die Religion unmittelbar verknüpft ist.

24. Die echte historische Pietät dagegen führt auf geradem Wege zur Toleranz, und das will hier sagen, zur wissenschaftlichen Objektivität, die sich des anmaßenden Urteils über die Absolutheit der eigenen Religion enthält. Während das wissenschaftliche Urteil von dem Maße der Entwicklung geleitet wird, dessen eine der historischen Religionen fähig und mächtig sei. Für alle Entwicklung der Religion aber muß der Begriff des einzigen Gottes der unveränderliche Schwerpunkt bleiben. Dieser Begriff selbst hingegen gehört der Entwicklung an, und mit dem Begriffe des Menschen und der Menschheit ist auch der Begriff des einzigen Gottes das zentralste Problem der Entwicklung des Geistes der Kultur.

25. Dieses Schwerpunktes der Religion wegen muß das Judentum für alle Entwicklung der Religion das unerschütterliche Fundament bleiben. Nicht nur die historische Originalität bestätigt diesen Gedanken, sondern er wird selbst auch durch die Abweichungen vom reinen Monotheismus begründet, durch welche das Christentum sein historisches Recht erworben und behauptet hat. Man könnte daher wohl sagen, daß das Christentum wegen der Bedeutung der Idee Christi, als der Idee der Menschheit, mehr die Autonomie der Sittlichkeit vorbereitet habe, als es die Entwicklung der Religion im Prinzip des Monotheismus gefördert habe. Für die Entwicklung der Religion bleibt der prophetische Monotheismus der Wegweiser der Menschheit. Und da die Autonomie nunmehr durch die Ethik sichergestellt ist, und mit

ihr der ethische Inbegriff der Idee der Menschheit, so können die
Gebote Gottes nur als Hinweisungen und Anleitungen zur Autonomie gewürdigt werden. Jenseits der Autonomie aber liegt
der Sinn der Idee Gottes für die Ethik der Menschheit nur in
der Isolierung der Menschheit auf das Individuum des Menschen.

*　　*　　*

26. Die Religion bedarf endlich aus dem Gesichtspunkte
der Einheit des Bewußtseins der Orientierung durch die
Ästhetik.

Mit dem Schönen ist die Religion immer verbunden
worden, daher wurde für beide das Gefühl angerufen. Und auch
als Phantasie glaubt Natorp ihren Quell richtig zu bezeichnen. Man wird hierbei an Lange erinnert, der die Metaphysik
als „Ideendichtung" gerecht und billig zu würdigen glaubte.
Wie aber dadurch der Idealismus nicht methodisch begründet
wurde, so müssen wir auch gegen die Würdigung der Religion
als Phantasieschöpfung und als Gefühlsbildung Widerspruch erheben: magis amica veritas — Und unsere Wahrheit ist die
systematische Begründung der Religion.

Der Gedanke an Lange schon enthebt uns dem anderen
Freunde gegenüber der Verwahrung, als ob die drangvolle
Macht von uns verkannt würde, mit welcher durch Natorp
die Übermacht der Religion über alle Aufgaben, über alle Kräfte,
Sorgen und Erhebungen des menschlichen Geistes dargestellt
wird. Wir nehmen dabei auch keinen Anstand an den An-
knüpfungen, welche mit seiner bisherigen Psychologie hier vorliegen. Wir nehmen auch diese Gedanken, wie den einer „ursprünglichen Konkretion des unmittelbaren Erlebens" nur in
der Grundtendenz, welche die Begründung der Religion als „das
unmittelbare Leben der Seele" bildet.

Aber gerade dieser an sich tiefreligiöse Gedanke ist es,
dem wir uns aus unserem systematischen Gesichtspunkte nicht
anschließen können. Gerade die Unmittelbarkeit des Lebens
der Seele wollen wir von der Religion fernhalten; gerade ihre
durchgängige Vermittlung mit allen Richtungen des Kulturbewußtseins möchten wir feststellen und sicherstellen. Es soll
daher auch die Befestigung der Religion nicht in einem Übergewicht der Religion über alle geistigen Kräfte des Menschen
begründet werden.

Auch die Konsequenzen dieser Ansicht müssen wir daher
ablehnen. Die Religion darf nicht die Gewißheit des Unend-

lichen enthalten, während das Unendliche für alle Aufgaben des Geistes uns immer nur Aufgabe bleibt. Sie darf nicht des Suchens sicheres Ende zu bedeuten haben, nicht die Ruhe von allem Welttreiben, weil sie sonst zu den Aufgaben des Unendlichen, die dem menschlichen Geiste obliegen, in Widerspruch treten würde; weil es bei der Ruhe von allem Welttreiben für den ethischen Geist des Menschen keine Ruhe im Ewigen geben würde: weil die Religion dem ethischen Geiste schlecht und recht eingeordnet werden muß. Der Konflikt zwischen Religion und humaner Kultur kann keineswegs das eigentliche Problem der Religion sein, da ja die Religion nach Natorp selbst nur „innerhalb der Humanität" Entstehung und Bestand hat. Der Ausgleich des Konfliktes ist das Problem der Religion, nicht die Lossagung von ihm. Und diesen Ausgleich hat die systematische Religion zu vollziehen.

27. Auch die Einheit des Bewußtseins ist systematisch festzuhalten. Sie bedeutet keineswegs für die Religion die „ungeteilte Einheit des Menschenwesens", die über Logik, Ethik und Ästhetik hinausgehende „Universalität"; sondern die Einheit ist vielmehr die systematisch eingeteilte und abgeteilte. Und einen Teil dieser Aufgaben allein bildet das Gefühl, als das des reinen ästhetischen Bewußtseins. Dagegen kann dem Gefühl nicht, als Religion, die Aufgabe zufallen, über alle unendlichen Aufgaben hinaus, irgendeinen Anspruch zu erheben: ein systematischer könnte es nicht sein.

28. Unsere Differenz beruht darauf, daß hier die Korrelation von Mensch und Gott das Problem bildet, während Natorp von dieser Grundbedingung absieht, und allein von der Ausdeutung des menschlichen Bewußtseins ausgeht, in diese sich vertieft, und in dieser Vertiefung sich nicht genugtun kann, um nur für die höchste Selbständigkeit der Religion das menschliche Bewußtsein auszuschöpfen. Die Korrelation dagegen fordert die Eigenart, aber nicht die Selbständigkeit. Daher tritt unvermeidlich der Schwerpunkt Gottes und mit ihm alles Unendlichen an und für sich zurück gegen den des endlichen Menschen.

Sobald aber die Unendlichkeit des Suchens in der Ewigkeit der Ruhe, als der Ruhe im Ewigen, abgeschlossen wird, so bleibt es eben immer nur letztlich beim Leben der Seele, als der endlichen Menschenseele. Die Korrelation dagegen spannt das Leben der Seele auf die Schwebe mit dem Sein Gottes. Und von dem strengen Gedanken der Korrelation aus wird die Analogie mit jedem Teilgebiet der Einheit des Bewußtseins hinfällig: mit der Erkenntnis, mit der Sittlichkeit, geschweige mit der Kunst.

29. Freilich gehen, wie ja Wilhelm von Humboldt sagte, von jedem Kunstwerke Strahlen ins Unendliche aus. Aber das Unendliche, welches den Reflex des Kunstwerkes bildet, ist nicht identisch mit Gott, noch mit seinem Korrelat. Im Kunstwerke deckt sich jene Unendlichkeit mit dem Ich des reinen Gefühls, In der Religion soll keine identische Deckung erfolgen, sondern die Korrelation allein die Aufgabe bleiben. Das ästhetische Gefühl überspannt das Menschenmaß in der künstlerischen Darstellung der Natur des Menschen. Daher entsteht vor diesem Anblick der idealen Menschennatur jene Rührung, die gemeinhin für moralisch, sogar für religiös gehalten wird, die aber vielmehr rein und echt ästhetischen Blutes und Charakters ist.

30. Die religiöse Rührung dagegen bezeugt sich in der Demut des Menschenherzens, in dem bereitwilligen Geständnis seiner Schwachheit, die zugleich durchleuchtet ist von dem Troste seiner Befreiung, seiner Erlösung aus dem Staube zu der unverlierbaren Kraft seiner ursprünglichen göttlichen Seelenreinheit. Der Erdenstaub kann ihn nicht beflecken, sein heiliger Geist geht immer wieder zu Gott zurück, der ihn gegeben. Was nach Koheleth vom Ende des Menschen gilt, das bezieht sich auch auf jeden Moment seines Daseins, seines Irrens und seines sittlichen Ringens: die Korrelation bringt ihn immer zu Gott zurück.

31. So behauptet sich die Eigenart der Religion auch dem Gefühle und der reinen ästhetischen Selbständigkeit des Bewußtseins gegenüber. Auch in diese Selbständigkeit hat sie sich als Eigenart einzuordnen. Das Unendliche, welches die Aufgabe der Kunst ist, wird von der Kunst aus der Kultur als Religion aufgenommen. Die Kunst stellt Gott dar, und das Gedicht und den Gesang von Gott nimmt sie in ihre Bearbeitung. Hierbei ist die Religion aber nur Stoff, wie der Mythos dies ist. Und in der Bearbeitung dieses Stoffes erwirbt sich die Kunst nebenbei nicht geringe Verdienste um die Läuterung des religiösen Inhalts. Dies gilt nicht nur für Homer und seine Schöpfung der griechischen Götter, sondern ebenso auch für den Psalmendichter in seiner sittlichen Klärung des Begriffs vom einzigen Gotte. Für Kultur und Geistesentwicklung ist so der Zusammenhang zwischen Religion und Kunst hinlänglich klargestellt.

32. Indessen muß dieser Zusammenhang systematisch geordnet und gesichert werden. Aus diesem Gesichtspunkte ergibt sich auch der Kunst gegenüber die Eigenart der Religion. Sie hört auf, Stoff der Kunst zu sein, und wird auch der Kunst gegenüber, zwar nicht ein selbständiger, aber ein eigenartiger Faktor der Einheit des Bewußtseins. Keineswegs bleibt das Bewußtsein der Kultur an die Kreisbahn der Kunst steuerlos gebunden, so daß wir, als religiöse Menschen, dem Zauber der Mythologie preisgegeben blieben. Wir bestreiten, daß es immerfort bei den heidnischen Unterströmungen der monotheistischen Religion, die vielmehr vorzugsweise ästhetischer Natur sind, zu verbleiben hätte. Wir bestreiten, daß der Gedanke Gottes, in seiner Korrelation mit dem Menschen, immerfort an den ästhetischen Zwang des Mythos gebunden wäre. Aller Kunst, ihren Bedingungen und ihrer Grundkraft des ästhetischen Bewußtseins gegenüber suchen wir den Gedanken Gottes zu begründen und als eine Eigenart des Bewußtseins für dessen wahrhafte Einheit zur reinen Bestimmung zu bringen — durch seine Korrelation mit dem Gedanken des Menschen. Und dieselbe Klärung fördert auch für den Begriff des Menschen seine Korrelation mit Gott. So vollzieht sich der systematische Begriff der Religion: Gott mit dem Menschen, und der Mensch mit Gott.

33. In unserem Grundgedanken der Korrelation begegnen wir uns mit einer neuesten Darlegung von W. Herrmann über „die Wirklichkeit Gottes". Aus der Wirklichkeit sittlicher Erfahrungen und Erlebnisse an den Menschen sucht er die Wirklichkeit Gottes zu erweisen. „Das ist das Eigentümliche des israelitischen Monotheismus, daß hier der Gedanke des Einen allmächtigen Gottes allein aus den Erfahrungen erwächst, die dem sittlichen Verkehr mit Menschen angehören." Wir möchten nun diesen Gedanken nicht nur in seiner geschichtlichen Richtigkeit für die Propheten Israels aufnehmen, sondern aus dem Gesichtspunkte der Wirklichkeit auch die Folgerung, die daraus für die Einheit des Bewußtseins gezogen wird: „Die zuerst in dem israelitischen Monotheismus erschienene Religion stellt allein die Einheit des Bewußtseins im Menschen dar." Dennoch aber müssen wir auch dieser tiefen Ansicht insoweit entgegentreten, als auch sie „die innere Einigung des Lebendigen" der Religion allein vorbehält. Dieser Anspruch übersteigt sogar den der Selbständigkeit, während wir nur Eigenart fordern, und nur Eigenart uns befriedigen kann.

34. Dahingegen eröffnet uns die gesuchte Eigenart der Religion einen wichtigen Einblick in das Wesen des Menschen, ohne den sein innerliches Leben und die Einheit des Menschen eitel Schein und Blendwerk sei. Und hier gerade löst sich das Rätsel von der Erscheinung des Christentums innerhalb der Entwicklung des Monotheismus auf eine ergreifende Weise. Das Christentum hat nicht nur das Bewußtsein der Sünde, das Jeremia und Ezechiel besonders ergründet haben, zu dem Problem der Erlösung weitergeführt; nicht nur als den Erben der Sünde hat es den Menschen gefaßt, sondern auch als den Träger des Erdenleids. Die Sünde wird gleichsam in den Begriff des Leidens einbezogen.

Schon Hegel hat daher das Christentum „die Religion des unglücklichen Bewußtseins" genannt. Und unser Albert Lange hat in dem Schlußkapitel seiner „Geschichte des Materialismus" von seinem Sozialismus aus diesen Gedanken aufgenommen, wie denn ihm „O Haupt voll Blut und Wunden" das Kernlied seines Glaubens war. Das Elend ist das Los der Welt, in dieser geschichtlichen Einsicht versteht der soziale Ethiker die Erscheinung und die Wirksamkeit des Christentums. Die neuere Zeit hat daher auch die sittlichen Reformbestrebungen als „praktisches Christentum" bezeichnet, wenngleich gerade die theologischen Urheber dieser Bestrebungen in den siebziger Jahren des vorigen Jahrhunderts auf die soziale Gesetzgebung des Mosaismus in literarischen Untersuchungen zurückgingen. Das Leiden des Menschen wurde der Wert und die Würde des Menschen. So ist das Kreuz der Hirtenstab der Menschen geworden. Das Leiden allein gibt die rechte Weisung für das Verständnis des Menschenwesens und der Geschichte des Menschengeschlechts.

35. Aber das Leiden des Menschen wird ja von Gott verhängt, nicht von einem Schicksal, dem die Götter selbst unterworfen wären. Welchen Sinn kann es vom Gedanken Gottes aus haben, daß er die Dornenkrone des Leidens zum Strahlenkranz des Menschen macht? Die Theodicee hat bei dieser Frage ihre schwerste Probe zu bestehen. Würde es sich nur um ein zeitweiliges Leiden einzelner Individuen handeln, so könnte der Zweck der Erziehung eine leidliche Aufklärung geben. Aber die Frage wird nicht einmal richtiggestellt in der ursprünglichen Fassung, warum es dem Bösen gut, und dem Guten schlecht ergehe; denn es ist ja mindestens ebenso zu fragen, ob es schlechte und gute Menschen gibt, wie, ob überhaupt irdisches Wohlsein und Elend ein Trugbild der Einbildung sei.

Vielleicht ist es das allertiefste Zeugnis der altbiblischen Sittlichkeit, daß sie den ursächlichen Zusammenhang zwischen Sünde und Leid durchbricht und aufgibt. Das ist der Sinn des Buches Hiob: daß die schönen Reden der Freunde als konventionelle Predigten von Hiob abgetan werden, und daß Gott selbst dem Hiob recht gibt in seinem Bewußtsein: daß er unschuldig leidet.

So lehrt der altbiblische Monotheismus als letzte Konsequenz: das Leiden gehört zum Wesen des Menschen. Denn der Leidensheld Hiob stellt das Ideal des Menschen dar.

36. Auch die Entwicklung des Messianismus hat zu diesem Höhepunkt des ethischen Monotheismus geführt. Der Messias, der ursprünglich der „Sproß Davids" war, um die „Hütte Davids" wieder aufzurichten, die vielmehr der „Thron Davids" war und die politische Wiederherstellung des jüdischen Reiches, dieser Messias fand noch nicht seinen Höhepunkt dadurch, daß er zum „Lichte der Nationen" wurde, der alle Völker insgesamt zur Erkenntnis des Einzigen Gottes vereinigen sollte: der zweite Jesaja bezeichnet ihn als den „Knecht Jahves". Aus dem König wird so ein Knecht, und demgemäß tritt nun auch eine andere Gleichung in dieses Grundwort der monotheistischen Entwicklung ein.

37. Bisher war die von der Christologie eingegebene Ansicht vorherrschend, daß dieser Knecht Jahves den Messias immerhin auch nur als eine Einzelperson, in deren Zeichnung das Bild Christi eintrat, zu bedeuten habe. Jetzt ist die von den alten jüdischen Erklärern schon gelehrte Ansicht die allgemein wissenschaftliche geworden, daß dieser Knecht Jahves das Volk Israels vertrete. Und wie dieses Volk gleichsam nach der Seite seines Umfangs zur Menschheit erweitert wird, so wurde es zugleich seiner Qualität nach verengt dadurch, daß der „Rest Israels" an die Stelle des Volkes Israels nunmehr tritt. Der Rest Israels wird der Träger der israelitischen Frömmigkeit, gleichsam der geschichtliche Bürge der Sittlichkeit.

Dieser Einschränkung des Volkes auf die „Frommen" in ihm entspricht nun die Gleichsetzung des Restes Israels mit den Frommen. Hieraus ergab sich aber wiederum eine neue Konsequenz, die aus dem tiefsten Mittelpunkte der monotheistischen Sittlichkeit hervortrat.

38. Wir sagten, das Leiden sei das Erbteil des Menschen. In dieser Fassung steht der Gedanke noch innerhalb des Mythos, bei dem das Leiden sich vererbt, wie auch die Schuld. Wenn

nun aber der Zusammenhang von Schuld und Leiden abgebrochen wird, so muß auch das Leiden zu einer genaueren Bestimmung gebracht werden, über dasjenige Merkmal hinaus, das
es an dem Lebensbegriffe des Menschen bildet. Das Leben und
Sterben des Menschen enthüllt noch nicht das Rätsel des Menschen. Am Individuum läßt sich überhaupt der Begriff des
Menschen nicht erkennen.

39. Wie der Messias an das Problem der Völker herantritt,
so darf er auch demjenigen Problem nicht entzogen bleiben,
welches innerhalb des Volkes die Verschiedenheit der Stände
bildet: dem Unterschied von arm und reich. Wie der
Messias aus dem „König" ein „Knecht" wurde, so muß er auch
ein „Armer" werden. Und zu diesem Ende konnte ihn die
Brücke führen, daß er ja zum „Reste des Volkes" und als solcher zum „Frommen" geworden war. Aber die geschichtliche
Deutlichkeit war unumgänglich: der Fromme mußte der Arme
sein.

Die Wortwurzel der hebräischen Sprache hat hier den
Sprachgeist erweckt, den der Geist des Monotheismus erzeugte.
Arm und Fromm gehören beide derselben Wurzel an. Daher
die Anawim = Anijim. Und es ist dabei noch bezeichnend,
daß der Arme nicht der Dürftige (Ebjon) ist, als welcher er
später in den Ebioniten eine Sekte der Frommen bildet, sondern der Arme erscheint in dieser Wurzel in seiner psychischen
Gestalt: als der Gedrückte, so wird er als Demütiger zum
Frommen. Nicht durch den Mangel und das in demselben wur-
zelnde Verlangen wird der Arme gekennzeichnet, sondern
durch seine Gedrücktheit, die seine Pein bildet und darstellt.

40. Diese Entwicklung des messianischen Gedankens entspricht dem politischen Grundmotiv des Messianismus und dem
politischen Grundmotiv des gesamten Prophetismus. Dichter
und Prediger mögen über das Leid des Menschen klagen: der
politische Denker kümmert sich weniger um die Schmerzen des
Leibes und der Seele, die im Tode ihren Gipfel und ihr Ende
haben, sondern er faßt das Leiden in seinem politischen, seinem
sozialen Kerne: die Armut, sie ist das Leiden des Menschengeschlechts. Und erst von ihr aus gewinnt es einen wahrhaften
Sinn: daß auch der Reichtum ein Leiden des Menschen sei.

So hat der prophetische Messianismus im Sozialismus die
Erkenntnis vom Menschen, von der Geschichte des Menschengeschlechts gewonnen. Das Leiden ist keineswegs die Strafe
des Armen für Schuld und Sünde, sondern die Unschuld wird ver-

folgt vom Leiden, und die Armen sind die Frommen, der Rest Israels, auf dessen Schultern die messianische Zukunft liegt. Diesen Weg geht der prophetische Monotheismus bei dem Problem des Leides und seiner Bedeutung für den Begriff des Menschen.

41. Nun aber mußte den Propheten aus dieser Lösung die beinahe größere Frage entstehen: wie ihr Gott diese Gleichung verantworten könne. Und ihr Sozialismus konnte sich sicherlich nicht durch die Antwort beschwichtigen lassen, mit der der Psalmendichter sich allenfalls zufrieden gibt: daß der Arme in seiner Frömmigkeit, in seiner Gottesnähe sein Genügen finde.

Auch die messianische Zuversicht konnte ihn als Politiker nicht befriedigen, daß Gott „am Ende der Tage" alles nach dem Rechten einrichten und daß er dem Armen endlich zu seinem Rechte verhelfen werde. Diese Trostgründe bleiben unerschüttert, aber sie bieten keinen zureichenden Ersatz für den klaffenden Notstand der sittlichen Religiosität, den die Einsicht bloßlegt: Gott selbst läßt den Frommen zum Armen werden. Ist denn etwa der Reichtum schlechterdings ein Grund des Abfalls? Und stände es selbst so um den Reichtum, gäbe es denn keinen anderen Schutz vor ihm, als den die Armut darbietet?

Die Propheten konnten in ihrer politischen Aufrichtigkeit so nicht denken; ihnen galt die Armut schlechthin als das Leiden der Menschen. Und die Armen waren ihnen die Frommen. Demgemäß mußten sie aber auch Stellung nehmen zu dem Doppelbegriff, dem Wechselbegriff von arm und reich. Denn ihre sittliche Weitherzigkeit konnte auch bei der Formulierung nicht stehen bleiben, die wiederum dem Psalmendichter bequem war: die Reichen sind die „Gewalttätigen", die Bösen. Die Propheten mußten die Armen unter dem Gesichtspunkte ihrer Frömmigkeit in Verhältnis setzen zu den Reichen. Damit aber entstand ein neuer, tiefsinniger, aber verhängnisvoller Begriff in Verknüpfung mit dem Leiden.

42. Das 53. Kapitel des Jesaja ist vielleicht das größte Wunder des Alten Testaments. „Alles Vergängliche ist nur ein Gleichnis". Dieses Faustwort wird hier zur Wahrheit. Unter dem Gleichnis dieses Kapitels erscheint alle bisherige Geschichte in ihrem innersten Werden. Und was ist das Gleichnis, nach dem dieses Kapitel den Gang der Menschengeschichte darstellt? Und soll das Gleichnis ein Rätsel sein, oder aber des Rätsels Lösung? Was würde denn, als Rätsel, das Gleichnis helfen,

wenn es nicht die symbolische Lösung in sich trüge? Oder
sollte es kein ander Gleichnis für das Menschenleben geben als
ein Rätsel, von dem es keine Auflösung gibt? Das Kapitel beginnt mit der Bezeichnung der Neuheit seiner
Botschaft. „Wer hätte unserer Kunde geglaubt?" Und was
ist der Inhalt dieser neuen Botschaft? „Wahrlich unsere Krankheiten, er hat sie getragen. Er ward durchbohrt für unsere
Missetaten, zerschlagen für unsere Verschuldung, Züchtigung
uns zum Frieden lag auf ihm." Bis zu dieser Höhe des Mar-
tyriums entwickelt der Prophet den Heroismus seines neuen
Messias, des Knechtes Jahves. „Jahve gefiel es, ihn zu schlagen
mit Krankheit, wenn er setzte zum Schuldopfer seine Seele."
(V. 10).

In dieser tragischen Auffassung von dem Leiden der Armen,
der Frommen ist der Gedanke von dem stellvertretenden
Leiden entstanden, der bei Paulus und in der Christologie des
Mittelalters so große Konsequenzen erlangt hat. Hier aber, in
diesem Kapitel erinnert kein Wort an den Gedanken, daß die
Strafgerechtigkeit Gottes durch diese stellvertretende Genugtuung befriedigt werden sollte. Nicht für die Genugtuung, die
Befriedigung des göttlichen Strafrichters bildet das Leiden eine
Stellvertretung, sondern vielmehr nur für die Menschen, denen
das Leiden gebührt, denen es aber von dem Knechte Gottes
abgenommen wird.

So wird durch diese Verherrlichung, Verklärung des Leidens
das Rätsel gelöst, welches seine Erscheinung in der Menschenwelt bildet. Nach dem Grunde des Leidens erging die Frage,
nachdem seine Korrespondenz mit der Sünde aufgegeben war.
Und jetzt wird die Antwort in dem großen Rätsel gegeben,
welches aber, als Gleichnis alles Vergänglichen, alles Menschlichen, in sich selbst die Lösung enthält. Das Leiden ist der
Höhepunkt menschlicher Kraft und menschlicher Würde. Auch
hier wird der antike Dichter zu einem sentimentalen. „Doch in
seinem Zeitalter, wer sann dem nach, daß er ausgetilgt ward
aus dem Lande der Lebenden?" (V. 8.) Das Wunder betrifft
nicht nur das Zeitalter, sondern alle bisherige Geschichte.

Von dem Lichte dieser Aufklärung aber wird ihr Dunkel
gelichtet, das Problem des Leidens in tragischer Läuterung aufgehoben, nicht etwa durch die neuplatonische Abstraktion
von dem Nichtsein des Leidens. Durch diese verkehrte Welt
wird das Leiden zum Gleichnis alles Vergänglichen, als ob dieses
sonst nur eitel und nichtig wäre. Der Fromme leidet, und zwar

nicht aus Zufall, sondern nach dem göttlichen Plane, daß er gleichsam zum Stellvertreter der Menschheit werde gegenüber der schlimmen und der schlechten Welt. So wird das Leiden zum Gleichnis des menschlichen Daseins, in seinen Niederungen, aber auch in seinen Höhen. Der leidende Knecht Gottes wird zum Stellvertreter der Menschheit.

43. Wie konnte nun aber der Prophet einen solchen Stein auf seinen Gott werfen? Konnte, mußte nicht dadurch die Mißdeutung entstehen, daß seine Strafgerechtigkeit diesen falschen Sinn einer Stellvertretung fordere? Mußte nicht der Prophet an seinem Gotte der ewigen Liebe irrewerden, wenn er, als eine unerhörte Botschaft, von ihm verkündigte, daß er seine Frommen leiden ließ für die bösen Menschenkinder?

Hier zeigt sich das Übergewicht, welches im prophetischen Denken der sittliche Gedanke vom Menschen über den religiösen von Gott behauptet. Mochte immerhin die Klarheit im Gottesgedanken zunächst unter dieser Konsequenz zu leiden scheinen: wenn nur dadurch der Gedanke vom Menschen klarer und heller wird, so schrak die Phantasie des Propheten nicht vor der Entscheidung an einem solchen Kreuzwege zurück. Die menschliche Sittlichkeit aber kann nur dadurch von dämonischer Zweideutigkeit befreit werden, daß der Zusammenhang zwischen Sünde und Leid zerrissen wird. Der Fromme leidet, das Leiden trifft den Unschuldigen. Das ist der sittliche Grundgedanke, den der Prophet klarstellen will, und dabei stört ihn der Einwand nicht, daß die Gerechtigkeit Gottes darüber in Unklarheit kommen könnte. Denn Gottes Wege sind unerforschlich, und seiner Allmacht entspricht seine Güte und Liebe. Er wird dem Frommen schon in seinem Leiden selbst die höchste Seligkeit verleihen, oder aber seinem Leiden ein glorreiches Ende bereiten.

44. Es kommt hinzu, daß der Prophet zugleich doch auch an das Problem, das die sogenannten Bösen in der Menschenwelt bilden, sowohl selbst dachte, wie besonders seinen Gott denken lassen mußte. Sie haben das Bild der Menschheit geschändet, aber der Liebe Gottes können sie doch nicht verlustig gehen. Vor dem Tiefblick des Propheten, der mit der Sünde zugleich die Versöhnung entdeckt, darf daher auch bei ihnen nicht aller Glorienschein der Menschheit erlöschen. Auch sie verdienen daher für sich selbst auch einen Stellvertreter ihres geschwächten Menschentums. So wird die Stellvertretung des Leidens zugleich zu einer Milderung und Versöhnung des Bösen in der Menschenwelt. Und so erfüllt sich immer breiter und immer tiefer die symbolische Bedeutung des Leidens, als des Gleichnisses für alles Vergängliche.

45. Unser Kapitel faßt die letzten Forderungen und Ausblicke der Philosophie der Geschichte in seinen tragischen Bildern zusammen. Darin aber läßt es die Eigenart der Religion unverkennbar hervorleuchten. Was wäre alle Geisteswürde des Menschen ohne die Dornenkrone des Leidens! Würde nicht von dieser Seite der Einheit von neuem wieder die Eitelkeit und Nichtigkeit aller Kunst, alles ästhetischen Bewußtseins entlarvt? Wie bezeichnend ist es daher, daß der Knecht Gottes nicht nur durch alle Arten physischen Leidens gezeichnet wird, sondern auch durch seinen Mangel an ästhetischen Reizen. „Er war ohne Gestalt und ohne Schönheit, daß wir ihn ansehen möchten, und ohne Aussehen, daß wir Lust an ihm hätten." (V. 2.) So drückt der Prophet in diesem Idealbild seiner Menschlichkeit den Gegensatz zum ästhetischen Menschen-Ideale aus. Und so macht diese Eigenart der Religion in ihrem Unterschiede vom ästhetischen Bewußtsein den eigenen Beitrag erkennbar, den sie zu liefern vermag für die Einheit des Bewußtseins. Die Einheit des Bewußtseins wäre lückenhaft, wenn sie dieses Strahles, ja dieses Brennpunktes ihrer Kraft ermangeln würde. Alle theoretische Größe bleibt wie ohne ihre letzte Probe, und auch alle ethische Hoheit bleibt nur programmatisch, wenn sie nur die Würde der Menschheit ausstrahlt in aller ihrer scheinbar unpersönlichen Selbstheit. Jetzt aber zeigt es sich, daß die größte Lücke und Blöße am Menschen vielmehr seinen größten Reichtum und seine höchste Lebenskraft bildet, und daß er seine Einheit in Wahrheit erst durch diesen scheinbaren Mangel zustande bringt.

46. Das geschichtliche Bewußtsein des Menschen empfängt erst durch diese Theodicee seine Beruhigung und seine treibende Kraft. Denn es wäre der geschichtlichen Einsicht unerträglich, daß Völker leiden, abwärts gehen von ihrem Höhepunkte aus, und ihrer Auflösung entgegenschleichen, während andere Völker aus dem Dunkel hervorsteigen und mit ihrem Glanze die Welt erfüllen. Nicht immer ist der Untergang eines Volkes das natürliche Ende seiner Selbstauflösung, und besonders der politische Druck auf einem sich annoch erhaltenden Volke bildet einen großen Notschrei des Völkerlebens. Hier hilft keine andere Aussicht, als daß die Wechselwirkung der geschichtlichen Völker in langen Perioden als eine Stellver-

tretung erscheint, die Stellvertretung einer Seite der weltgeschichtlichen Mission des Menschengeschlechts durch eine andere.
Aber sofern die Einheit des Bewußtseins nicht ausschließlich die
des persönlichen Bewußtseins bedeutet, sondern die des Kulturbewußtseins, so ist sie durch eine solche Stellvertretung bedingt,
bei der das eine Volk leidet, damit ein anderes seinen spezifi-
schen Anteil an der Mission der Kultur entfalten kann. Der
Prophet stellt offenbar die Kulturarbeit des jüdischen Volkes in
Gegensatz zu dem Götzendienste der Völker, dem er — wer mag
das entscheiden? — vielleicht selbst sogar seinen Kulturanteil
zugedacht hat.

47. Und hinwiederum entspricht auch diese nationale Bedeutung des Leidens der persönlichen, durch welche die individuelle Einheit des Bewußtseins sich vollendet. Wie wir das
Mitleid in seiner ethischen Bedeutung für das Individuum erkannten, so erweist sich das Leiden an sich selbst, nicht nur
als Voraussetzung des Mitleids, als ein integrierender Faktor
der Einheit des individuellen Bewußtseins. Um es paradox auszudrücken: gäbe es überhaupt keine Ethik des Mitleids, so wäre
das Leiden dennoch unentbehrlich für den Menschen, weil nur
dadurch der Heroismus des Menschen und das Ebenmaß seiner
Kräfte seinen Gipfel erreicht. Und diese absolute Theodicee des
Leidens gilt nicht minder auch für das Leiden der Völker, das
zeitweilige, wie das andauernde, das eine geschichtliche Periode
erfüllende. Und in beiden Beziehungen ist es die Eigenart der
Religion, die durch diesen Charakterzug des Leidens die Einheit des Bewußtseins in ihren beiden Bedeutungen vollzieht.

48. Die Eigenart unterscheidet sich aber auch hier von der
Selbständigkeit. Auch im Momente des Leidens muß die Religion, wie an die Ethik, so auch an die Ästhetik, sich angliedern.
In ersterer Hinsicht gilt es, das Leiden nicht zur Hauptsache
werden zu lassen im Charakterbilde des Menschen, sondern durch
die positiven Züge die Würde des Menschen hervorstechend
darzustellen und zu beglaubigen. Schon die Angliederung an
die Logik, die sich von hier aus als eine natürliche Voraussetzung ergibt, erhebt diese Forderung. Aber die Kollision mit
der Ästhetik ist nach beiden Seiten gefährlich. Die Kunst selbst
verirrt sich leicht, wenn sie dem Jammerbilde des Menschen sich
hingibt. Andererseits verzerrt auch die Religion die Aufgabe
des Menschen, wenn sie aus dem Gedanken der Abhängigkeit
alles Endlichen dem Leiden das Übergewicht verleiht.

Der leidende Christus ist nur eine Seite des Menschen. Der

arbeitende **Faust**, der in der **Arbeit**, in der Benutzung der menschlichen Urarbeit für die letzten Ziele der menschlichen Freiheit die Erlösung sucht, sie in ihr findet und den Menschen diese Wirklichkeit heranbringt, nur diese Überwindung des Leidens gibt dem Idealbilde der Menschheit seine Vollendung.

* * *

Die Angliederung an die Ästhetik führt somit zu einer Harmonie der beiden methodischen Grundlinien: in der Schönheit, und nur in ihr vollendet sich die Einheit des Menschen, aber auch nur in derjenigen Schönheit, welche aus dem **erhabenen** Momente des Leidens hervorstrahlt. Ohne die Leitlinie der Schönheit bleibt auch das religiöse Leiden ein Zerrbild des menschlichen. Und wenn der Prophet seinen Knecht Gottes ohne die Schönheit der Gestalt entwirft, so umstrahlt er ihn mit aller Schönheit der Poesie, so daß dieses negative Moment kein ästhetischer Widerspruch bleibt. Der leitende Gesichtspunkt ist unverkennbar: das Leiden in Häßlichkeit muß ein Reizmittel der Schönheit werden; die Häßlichkeit darf nicht der letzte Ausdruck der Kunst sein. Und so auch darf das Leiden nicht der Triumph der menschlichen Religiosität sein. Warum nicht? könnte man immer noch fragen, wofern man nur die **drei** Glieder des Systems anerkennt, und ihren Zusammenschluß in der Einheit nicht als eine **vierte** Forderung des Systems gelten läßt. Wenn anders dagegen erst die **Einheit des menschlichen Kulturbewußtseins** die Einheit des Systems der philosophischen Probleme vollzieht, so kann das Leiden nimmermehr Selbstzweck, sondern nur Mittel der Einheit des Bewußtseins sein, die aber durch das, und zwar selbständige, Glied der Schönheit bedingt ist.

49. Wir kommen hier auf den Hauptpunkt zurück, den nach der vorherrschenden Ansicht das **Gefühl** bildet für das Bewußtsein der Religion. Und es ergibt sich ein neues Moment für die Ausschaltung dieser psychologischen Grundkraft. Jenes angebliche Grundgefühl der Religion wird als das Gefühl des **Unendlichen** durchgängig gedacht. Und gerade dieses Unendliche ist es, gegen das unsere Bedenken sich richten. Nicht nur die begriffliche Vieldeutigkeit des Unendlichen begründet unseren Widerspruch, sondern seine Mangelhaftigkeit im Begriffe des Menschen selbst, gegenüber der Korrelation von Mensch und Gott. Die Korrelation des Endlichen und des Unendlichen führt unausweichlich zum **Pantheismus.** Das Unendliche wäre dieses nicht, wenn es nicht das Endliche in sich enthielte. Wie Hegel schon gesagt hat, ist der Pantheismus nicht sowohl Atheismus als vielmehr Akosmismus. Von der Welt auf den Menschen übertragen, enthält dieser Gedanke die richtige Folgerung, daß der Mensch im Pantheismus vom All der Gottheit verschlungen und in seiner Individualität vernichtet wird. Die Rettung der Individualität ist aber die eigentliche Aufgabe der Religion. Daher wird sie gefährlich beschrieben, wenn sie, als Gefühl des Unendlichen, nur in diesem Unendlichen das Endliche aufkommen läßt. Paradox ausgedrückt, würde die Religion vielmehr das Gefühl des Endlichen sein müssen.

50. So erkennen wir wiederum den Vorzug unserer methodischen These der Korrelation. Ebenso wie Gott, soll auch der Mensch erhalten bleiben. Das ist der letzte Sinn der Religion. Das ist der Sinn, den die Religion insbesondere in der Angliederung an die Einheit des Bewußtseins zu bedeuten und zu vollziehen hat. Der Pantheismus hat keine Einheit des Bewußtseins. Es ist ein offenes Geheimnis, daß das Selbstbewußtsein eine Lücke ist in Spinozas Lehre von der göttlichen Substanz. Und wie Gott in dieser angeblichen Religion ohne Einheit des Bewußtseins ist, vielmehr diese Einheit auf die etwaige der Naturgesetze überträgt, so hat der Pantheismus überhaupt keine Einheit des menschlichen Bewußtseins, geschweige des Bewußtseins der Kultur. Ohne die Selbständigkeit des Endlichen aber gibt es keine Homogeneität für das Sein der Substanz. Die Verschiedenheit der modi, die schon in der ihrer unendlichen Attribute festgelegt ist, läßt es zu keiner Homogeneität der Einen „göttlichen" Substanz kommen.

Die Mystik hat es schon richtig gefühlt, daß auch Gott nach der Kreatur schreit, ebenso, wie diese nach ihm. Die Korrelation allein drückt die methodische Beziehung zwischen Gott und Mensch aus. Das Gefühl des Unendlichen muß zugleich das Gefühl des Endlichen sein. Aber Gefühl erweist sich sonach als ein falscher Ausdruck für diese Korrelation, welche erst als systematische zu ihrer methodischen Bedeutung gelangt. Nach allen Gliedern des Systems hin muß die Korrelation durchgeführt werden. Nur so werden beide Begriffe, der von Gott und der vom Menschen, zur Klarheit gebracht.

51. Aus dem Gesichtspunkte der Einheit des Bewußtseins ergeben sich die systematischen Angliederungen. Die Erkenntnis erfordert ebenso die vom Menschen, wie die von Gott. Beide Arten des Gegenstandes der Erkenntnis werden von der

Religion gefordert; keiner darf sie sich entziehen, geschweige ihr entgegentreten. Die Ethik fordert ebenso die Idee Gottes, wie die des Menschen. Aber die Einheit des Bewußtseins läßt einen neuen Begriff von Gott und einen neuen vom Menschen erkennen. Und die Religion hat diese neuen Seiten bei beiden Begriffen auf der grundlegenden Voraussetzung der Erkenntnis zu ergründen und zu beleuchten.

Das reine Gefühl endlich scheint nur den Menschen zum Gegenstande zu haben. Indessen schon die Natur des Menschen, und nun gar der Mensch der Natur, beide weisen über die Natur hinaus auf den Gott hin, der für beide Begriffe, für beide Probleme, für den Menschen, wie für die Natur, den unendlichen Fernpunkt bildet, der daher in jedes Kunstwerk einer jeden Kunst, in jede ästhetische Darstellung, als ob er deren eigentlicher Gegenstand wäre, hineinleuchtet.

Aus dem Gesichtspunkte der Einheit des Bewußtseins aber kann auch hier die Religion ihre Mitarbeit leisten, insofern sie durch die Korrelation von Mensch und Gott auch jedem Kunstwerke selbst zu seiner Einheit verhilft. Es ist nur Schein, daß das Unendliche in Gott allein zum eigentlichen Gegenstande jedes Kunstwerks würde; denn das Endliche muß nicht minder der hauptsächliche Gegenstand in jeder Kunst bleiben. Aber der Gesichtspunkt der Einheit des Bewußtseins hebt den Widerspruch auf, und macht es deutlich, daß das Unendliche ebenso das Endliche fordert, wie umgekehrt.

52. So hebt sich auch der Widerspruch zwischen dem Subjekt und Objekt in der Kunst erst durch die Korrelation der Religion zu voller Befriedigung auf. Wie jedes Kunstwerk nur das Objekt seines Subjektes ist, und zwar ebenso für das Empfangen, wie für das Schaffen, so bringt die Religion auch für das Problem der Einheit des Bewußtseins eine eigenartige Ergänzung, in welcher sich scharf und klar die Eigenart von der Selbständigkeit unterscheidet: indem sie in scheinbarem Widerspruch zur Logik, zur Ethik und beinahe auch zur Ästhetik, die allesamt das Aufgehen des Endlichen in der Allheit des Unendlichen fordern, bei aller gefügigen Angliederung an diese Selbständigkeiten des systematischen Bewußtseins dennoch ihre Eigenart für die Behauptung des Endlichen, des menschlichen Individuums seinem Gotte, dem Gotte seines Ich gegenüber, geltend macht. Die Korrelation von Mensch und Gott macht in der Methodik den Menschen Gott ebenbürtig.

So bringt die Religion auch zu begrifflicher Bestimmtheit,

was sie im biblischen Gleichnis zu ihrem Wahrzeichen gemacht hat: daß der Mensch im Bilde Gottes geschaffen sei. Im Begriffe Gottes besteht sein Sein. Und wenn anders der Mensch ebenso auch die Aufgabe hat, Gott zu erkennen, zu lieben, und wenn anders die Erkenntnis seines Wesens nur reflektiv aus dem sittlichen Wesen des Menschen hervorgehen kann, so wird auch Gott durch den Menschen bedingt. Und der Gesichtspunkt der Einheit des Bewußtseins gibt diesem Gedanken seine Bestimmtheit und seine Einschränkung.

Wie das menschliche Bewußtsein die Einheit seiner reinen Richtungen erfordert, ebenso fordert die Korrelation auch für den Begriff Gottes die Einheit des Bewußtseins an diesen ihren Grundrichtungen. In dieser Einheit des Bewußtseins ist daher alles enthalten, was im Dasein, in der Existenz, im Leben Gottes gedacht und gefordert werden kann. Und sie schließt demgemäß auch alles aus, was dieser reinen Einheit widerspricht.

Machen wir die Probe bei der Wirklichkeit, so lehrt die Erkenntnis: daß diese der Einheit im systematischen Begriffe Gottes widerspricht. Denn Wirklichkeit setzt Dasein voraus und dieses wiederum diejenige Teilerscheinung des Bewußtseins, welche die Sinnlichkeit bildet. Dahingegen richtet sich die systematische Einheit des Bewußtseins, sofern sie auf dem Grunde der reinen systematischen Richtungen sich erhebt und in und an ihnen sich vollzieht, nicht auf die einzelnen verschiedenen Betätigungsmittel des Bewußtseins überhaupt, sondern allein auf die zweckhaften erzeugenden Richtungen der systematischen Inhalte. Diesen erzeugenden Richtungen schließt sich die Religion mit der Eigenart ihres Sonderbeitrags für das Kulturbewußtsein der Menschheit an: insofern es in einer Einheit gipfelt für alle seine Begriffe vom Menschen und von Gott, und zwar in der Korrelation von Mensch und Gott.

53. So ist die Religion in das System der Philosophie eingefügt, und das psychologische Glied des Systems hat für den Begriff des Menschen diese Einfügung sichergestellt. Die systematische Philosophie ist die Lehre von der Einheit des Menschen in seinen Erzeugungsweisen der Kultur. Aber diese Einheit des Menschen ist bedingt durch seine Korrelation mit Gott. Worin besteht nun die Einzigkeit Gottes, wenn er doch an diese Korrelation mit dem Menschen gebunden ist?

Die Korrelation mit dem Menschen ist nicht die Korrelation mit der Natur. So unterscheidet sich der Monotheis-

mus vom Pantheismus. Die Verknüpfung mit dem Menschen
bedeutet die mit dem Bewußtsein der Erkenntnis. Die Erkenntnis aber setzt sich selbst die Grundlegung des Seins, als
einer Realität, die nicht innerhalb des Bewußtseins selbst gelegen und beschränkt sei. Für alles Sein der Erkenntnis errichtet sich diese selbst die Grundlegung der Absolutheit, der
Transzendenz. Indessen schlingt sich diese wieder zurück in
die Erkenntnis kraft der Korrelation.

Die Korrelation ist nicht schlechthin Wechselverhältnis,
sondern Gott wird ihr Schwerpunkt. In diesen Schwerpunkt
wird das Sein verlegt. Und als dieser Schwerpunkt trägt Gott
einzig das Sein, bedeutet und verbürgt er allein das Sein. Der
Natur und dem Menschen gegenüber ist er daher der Einzige.
Aber aus dem Systembegriffe des Menschen heraus allein begründet sich seine Einzigkeit. Die Natur hingegen trägt nicht
die Einheit des Kulturbewußtseins in sich.

54. Der systematisch begründete Begriff der Religion ent-
wertet alle Desiderate der sogenannten Metaphysik. Es ist
nicht richtig, daß die systematische Philosophie, die in der
reinen Erkenntnis ihr methodisches Fundament hat, in dieser
auch aufginge. Wie zur reinen Erkenntnis die drei anderen
Glieder des Systems hinzutreten, so tritt als gleichartige Grundlegung zu allen vier Gliedern die Religion hinzu. Aber sie
bildet keineswegs ein eigenes Lehrgebiet, das man unter dem
sachlich, wie geschichtlich, unklaren Worte der Metaphysik
immer wieder der wissenschaftlichen, der systematischen Philosophie entgegenstellt, sondern der wissenschaftlichen Philosophie
fügt sich die Religion ein. Sie ergänzt ihre Probleme. Sie ergänzt so auch die Probleme der menschlichen Kultur, die lückenhaft und schadhaft bleibt ohne die Beziehung aller ihrer Probleme auf die Einzigkeit Gottes.

55. Und was bedeutet diese systematische Sicherung der
Religion für das naive Bewußtsein der Menschen, sofern es
noch nicht zur systematischen Philosophie gereift ist?

Wäre es etwa die richtige Würdigung der Religion, daß
sie nur dem ungebildeten Volke vorzubehalten sei, als Ersatz
ebenso, wie als Trost? Solche Xenienspiele sind ebenso überwunden, wie der spätere Versuch, durch die Kunst die Religion
zu entsetzen.

Der systematische Begriff der Religion stellt es freilich
außer Zweifel, daß die wahre Religion auf der Wahrheit der
systematischen Philosophie, und demgemäß subjektiv die wahr-

hafte Religiosität auf der Reife und Klarheit der systematischen Erkenntnis beruht. Indessen klärt diese Einsicht doch auch die Tatsache der Kultur auf und hebt den mystischen Schleier von ihr hinweg: daß der ungelehrte, ungebildete Mensch, der Mensch gleichsam ohne alle Kultur, dennoch nach einem Gotte Verlangen trägt. In dem Verlangen nach Gott besteht die Religion. In dem Verlangen nach einem Wesen außer dem Menschen, aber für den Menschen besteht sie. Sie besteht nicht und sie begründet sich nicht in dem Verlangen nach Verewigung des eigenen menschlichen Wesens. Sie besteht nicht und sie begründet sich nicht in dem Verlangen nach Unsterblichkeit des Menschen. Dieses Verlangen sucht seine Befriedigung auch in der Selbstvergötterung, in der Vergottung des Menschen. Diese Gedanken gehören dem weiten Heerzuge des Mythos an. Religion entsteht erst mit dem Einzigen Gotte, mit dem Gotte ohne Gleichnis und ohne Bildnis.

Aber dieser Einzige Gott hat in allem Wirrsal der Zeiten, der Ansichten, der Kämpfe und Bestrebungen der Menschen, dennoch stets aus aller Mystik der Mythologie sich herausgehoben als die „feste Burg", welche die Psalmen dem religiösen Bewußtsein gegründet haben. So konnte zwar die Illusion entstehen, als ob mit diesem einzigen Sein das menschliche Bewußtsein überhaupt befriedigt würde; als ob alle Erkenntnis nur eitel Luxus, alle sonstige Angelegenheit des Menschen nichtig und überflüssig wäre. In der Einzigkeit Gottes prägte sich auch für das populäre Bewußtsein die Unvergleichbarkeit des Inhaltes und des Schatzes der Religion mit allen Reizen der Kultur aus.

Und man täusche sich darüber nicht, daß es in der Tat nur die Einzigkeit ist, welche das Wesen Gottes in dem christlichen Weltalter ausmacht. Man irre sich nicht an der Aufstellung und dem Festhalten der Trinität. Denn umgekehrt muß man fragen, wie die Trinität als Monotheismus behauptet, wie der dreieinige Gott als ein einziger Gott gedacht, gelehrt und in dem Herzen der Menschen gehegt werden konnte. Mehr als die Einigkeit war es die Einzigkeit Gottes, auf die es auch dem christlichen Bewußtsein ankam. Und vermöge dieser Differenz hat sich der Begriff Gottes in der christlichen Religiosität und in der Religion des gemeinen Mannes erhalten. Die Entwicklung aber der religiösen Idee, als der Idee vom Einzigen Gotte, bildet nicht ein, sondern das Problem der Weltgeschichte. Wenn der Gedanke zulässig ist, daß die Erziehung des

Menschengeschlechts zur Erkenntnis der systematischen Philosophie das Problem einer nicht nahen Zukunft
sei, so darf eine nähere Aufgabe darum doch nicht hinausge-
schoben, durchaus nicht mit jenem letzten fernen Ziele praktisch
und pädagogisch gleichgemacht werden: der Begriff des einzigen
Gottes in seiner logischen und ethischen Eindeutigkeit ist
zum Mittel- und Schwerpunkte des Religionsunterrichts
innerhalb der Volksbildung zu befestigen. Jede Religion
des Monotheismus muß einer solchen Konzentration auf den
Grundbegriff des einzigen Gottes fähig sein.

56. Erst diese Konzentration der religiösen Dogmatik des
Monotheismus und des Religionsunterrichts in der Volksschule,
solange sie besteht, wie in allen gelehrten Schulen der National-
erziehung, wird erstlich die sittliche Kultur im Wechselverkehr
und in der Wechselstimmung der Völker wahrhaft begründen,
und weiter zum mindesten auch die Toleranz wahrhaftig
machen, sofern sie nicht nur Duldung, sondern Anerkennung
und Sympathie zu bedeuten hat.

Aus diesem Mangel in der Klarheit des eigentlichen Schwerpunktes der Religion in der heutigen Welt erklären sich die ge-
waltigen sittlichen und geistigen Widersprüche in der Politik der
Kulturvölker, die zur Verzweiflung des Pessimismus und des
Quietismus führen könnten. Hiergegen dürfte es kein anderes Heil-
mittel geben als diejenige Idealisierung des christlichen Dogmas,
der gemäß der Gottesbegriff durchaus von der Zweideutigkeit
befreit wird: daß dem Menschen selbst Anteil an der Gottheit
zukäme. Nur durch die Scheidung zwischen Gott und Mensch
kann der Mensch die wahrhafte Überwindung dieser Welt er-
lernen, und zwar nicht etwa als Weltverachtung, sondern als
Hintansetzung aller Güter der Welt, aller irdischen Machtgelüste
gegen das einzige Gut, welches das einzige Sein ist. Nur in
dieser wahrhaftigen Demut vor dem einzigen Gotte wird alles
Streben der Menschen und der Völker einhellig lenkbar, und
aus ihr allein erhalten alle Lebenswerte ihre feste Norm und
ihr sicheres Maß. Alles Menschliche, daher auch alles Nationale
muß immerdar auf das einzige Sein Gottes bezogen werden.
Auch dem Ideal der Weltgeschichte, dem Staatenbunde
muß sein tiefster Grund gelegt werden in dem einzigen Sein
des einzigen Gottes, der für jedes menschliche Individuum, für
jedes Volk der Menschheit die unerschütterliche Bürgschaft
bildet für alles sittliche Streben und Handeln, für alle Aufgaben
und Ziele der Weltgeschichte.

Dieser in der Unterscheidung beruhende Zusammenhang des Menschen mit Gott muß der klare, genaue, von allen mystischen Zweideutigkeiten befreite Sinn des Religionsunterrichts werden, den die künftige Weltkultur zu gestalten hat. Und ohne diese Klarstellung des Religionsunterrichts wird es keine sittliche Weltkultur geben, — solange als die Religion nicht für alle Menschen aller Völker in der systematischen Philosophie begründet sein wird.

Vorrede.

Die Widmung dieser Schrift ist zu allernächst die schuldige Antwort auf die Sammlung der „Philosophischen Abhandlungen", mit der die Freunde meinen 70. Geburtstag ausgezeichnet haben. Wie ich nun in dieser Schrift den systematischen Begriff der Religion in dem Begriffe des Individuums zu begründen suche, so wende ich mich auch an die lieben Freunde, die persönlichen Träger und Glieder dieser Schule, mit meinem innigen Danke, mit meinen treuen Wünschen und Hoffnungen für die Erhaltung und Hochhaltung unserer Arbeitsgemeinschaft, der immer neue Anhänger des Geistes unserer Methode sich anschließen mögen.

Das Alter ist die Zeit des Gedenkens. Der Greis hängt sich an die Vergangenheit, wenn er noch so sehr den Blick in die Zukunft sich zu bewahren strebt. Es teilen sich dem Alter auch immer mehr Lebensabschnitte ein, die das Gedenken fruchtbar machen sollen. Auch diese Widmung fällt in die Zeit, in der ich vor funfzig Jahren die philosophische Doktorwürde erlangte. Und obzwar ich von da ab den damaligen Verhältnissen des philosophischen Studiums gemäß eine geraume Wartezeit mir auferlegte, so lenkt sich zugleich jetzt die Erinnerung unwillkürlich zurück an meine Aufnahme in Marburg, die ich nicht überschätze, wenn ich sie als ein bedeutsames Beispiel, vielleicht darf ich sagen, als ein Vorbild in der Geschichte der Habilitationen bezeichne.

Hier muß ich nun wiederum des herrlichen Mannes zuallererst gedenken, der, eine lebendige Personifikation des deutschen Idealismus, nicht nur den Eintritt dort mir ermöglicht, sondern auch mit seinem Ansehen bei dem gesamten Lehrkörper das allgemeine Vertrauen in mein Wollen und Streben alsbald mir geworben und befestigt hat.

Mit Frie de rich Albert Lange muß mein Gedenken nun
auch alle die Männer verknüpfen, die durch ihr sachliches Zu-
trauen und ihre persönliche Sympathie in diesen ersten Anfängen
mein Wirken unterstützten. Alle diese Männer hatten noch das
historische Bewußtsein von der Bedeutung der Philosophie überhaupt für das wahrhaftige Leben der Universität. Und wenn
sie auch nicht alle meine ersten Arbeiten in eigener Lektüre
begleiteten, so hatten sie doch alle die wissenschaftliche Überzeugung, daß ein rechter Weg da angebahnt werde, daß der
neue Weg zu Kant einen Einschnitt und einen Aufstieg bedeute
in der Laufbahn des deutschen Geistes. Aus allen Wissenschaften und Fakultäten wurde ich durch einsichtige Zustimmung zu der angestrebten Arbeitsweise ermutigt. Sie sind fast
alle inzwischen dahingegangen, und ihnen allen habe ich, wenn
auch in verschiedenem Grade, zu danken. Nur die Gruppen
seien bezeichnet. Mit den Philologen verbanden sich die Histo-
riker und nicht minder die Theologen, aber auch die Natur-
forscher und Mediziner schenkten mir ihr Interesse für meine
literarische, wie auch für meine Lehrtätigkeit, sofern sie in dem
Studium der wissenschaftlichen Fächer Blüten hervortrieb.

Die ersten Jahre nach der Gründung des Reiches, der ideale
Aufschwung des Nationalbewußtseins im echten deutschen Geiste
begünstigte meine ersten Schritte. Als dann aber auch in die
philosophische Klause, die in geräuschloser Stille und nur in
engen Kreisen arbeiten wollte, die andere Zeitwendung mit ihrer
Mißstimmung und Ungunst hereinbrach, da war zuvor schon der
Beistand erschienen und rastlos erstarkt, ohne den die Schule
nicht zu ihrer Gediegenheit hätte kommen können, der mir
selbst in den schweren Kämpfen, die ich für die Sache der
Philosophie, wie wir sie bekennen, in wachsender Schärfe zu
bestehen hatte, ein starker und zuverlässiger Helfer wurde, und
von dessen unermüdlicher Schaffenskraft, wie von seiner Hin-
gebung an alle die großen und die kleineren Aufgaben des
philosophischen Lehrers die Zukunft der Schule zu allernächst
abhängt: Paul Natorp sei an diesem Lebensabschnitt mein
Dank aus tiefster Seele ausgesprochen.

Die Schule besteht von Anfang an nicht nur aus unmittelbaren Schülern, und der Anschluß von außerhalb dürfte ihr

höheres Recht bewähren. Einem solchen Freunde habe ich
hier noch zu danken für das Dokument einer Gemeinschaft des
Geistes und der Gesinnung, das er diesem Büchlein in dem
Kunstwerke des Index gestiftet hat. Möge diese Krönung
meiner Arbeit weithin nicht nur das Studium ihrer selbst er-
leichtern, sondern auch für das gesamte System sich als Wegweiser und Führer nützlich erweisen.

So habe ich denn in dem Vorwort dieser Widmung den
Weg beschritten, auf den der Grundgedanke dieser Schrift hin-
weist. Auch hier ist der Begriff der Schule kein Kollektivbegriff
geblieben, sondern menschliche Personen hat die Dankbarkeit
hervorgehoben: ohne deren Vorarbeit die Schule nicht hätte
ins Leben treten können — auf deren Erfolg wir nicht hin-
gearbeitet, nicht hingedacht hatten, deren Erscheinung wir
schon unter der Ungunst der allgemein herrschenden Verhältnisse nicht erwarten konnten. Daher beirrt uns aber auch die
Situation nicht, die inzwischen eingetreten und der alsbald die
große Zeit der Sorgen und der Hoffnungen gefolgt ist. Der
wissenschaftliche Charakter, den eine Universität einmal, in
einer engsten Richtung selbst, angenommen hat, behält seine
Tradition in der Geschichte — zumal wenn er von einer ver-
wandten Geistesrichtung als genius loci bestätigt wird. Und
solche Hilfe hat die Theologie in die Annalen der alma mater
Philippina für uns eingetragen. Auch diesen Dank möchte diese
Schrift über Religion endlich noch andeuten dürfen.

Und so lasset uns unverzagt und unentwegt weiter arbeiten,
im unerschütterlichen Vertrauen auf die fortwirkende Gemeinschaft des Geistes in allen Richtungen des deutschen Schaffens
mit seiner Philosophie.

Herausgegeben im September 2021 von Ronald Bär
Add.: Gartenstr. 24, 96528 Schalkau
Telefon: +49 173/79 89 636
Mail: ronald.baer@outlook.com

ISBN: 978-1-4710-3525-8
Imprint: Lulu.com

Reproduktion auf Grundlage der Ausgabe bei Verlag von Alfred Töpelman,
(vormals J. Ricker); Giessen1915.